Etudes Françaises

Aspects de la vie

D. and K. Matthes

adapted by
M. E. Mountjoy

Edward Arnold

Original edition © Ernst Klett Verlag, Stuttgart 1975
This edition © Edward Arnold (Publishers) Ltd, London 1977

This edition first published 1977
by Edward Arnold (Publishers) Ltd
41 Bedford Square, London WC1B 3DQ

Reprinted 1979

ISBN: 0 7131 0093 1
German ISBN: 3 12 520510 7

All Rights Reserved. No part of this publication may be reproduced, stored in a retrieval system or transmitted in any form or by any means, electronic, mechanical, photocopying, recording or otherwise without the prior permission of Edward Arnold (Publishers) Ltd.

Acknowledgments: Les Artistes Associés, Paris: S. 82; Jacques Charmonz, Paris: S. 67; Documentation Française, Paris: S. 73; dpa, Frankfurt: S. 13, 81; Le Figaro, Paris: S. 55, 76; Les Films 13, Paris: S. 87; Galliphot, Paris: S. 104 C. *Barreau;* Mary Glasgow Publications Ltd, London: S. 33; Philip Hewitt, Stuttgart: S. 27, 45, 100; R. Hovivian, Paris: S. 68, 69; W. Lüning, Lübeck: S. 49, 79; Rolf Dieter Maul, Stuttgart: S: 20, 39; Paris Match, Paris: S. 9, 10, 43; Rapho, Paris: S. 51 *Niépce,* 63 *Gourbeix;* Karsten de Riese, Ebenhausen/Isartal: S. 4; G. Rossetti, Florenz: S. 84; Editions Seghers, Paris: S. 89; Roger Viollet, Paris: S. 58; Wustmann, Mötzingen: S. 75.

Printed by photolithography and bound in
Great Britain at Spottiswoode Ballantyne Ltd. Colchester and London

Table des matières

Textes	Exercices de grammaire	Pages
1. **Les jeunes et l'amour**	Verbes + infinitif; subjonctif	5
2. **Françoise Sagan, Tout est fini entre nous**	Adjectif – adverbe; participe présent	13
3. **Copainville ... comme son nom l'indique**	Passif; accord du participe passé	19
4. **Les jeunes qui volent des voitures**	Pronoms relatifs; discours indirect; présent – passé	26
5. **Consommateurs, attention publicité!**	Formes interrogatives; y – en; sans – sans que	33
6. **Qui fait quoi dans la maison?**	Adjectifs et pronoms possessifs; conditionnel; subjonctif; prépositions	39
7. **Adjointe de direction**	Discours indirect; subjonctif; gérondif; accord du participe passé	45
8. **Une femme architecte**	Quand – si; depuis – il y a	51
9. **Police générale, réception des étrangers**	Présent – passé	57
10. **Un Japonais à Paris**	Adjectif; verbes du groupe «mener»	63
11. **Les gaffes à ne pas faire à l'étranger**	Impératif; à moins que ... ne	68
12. **Le Transsibérien volant**	Prépositions; faire, laisser, rendre	73
13. **Premier départ en fusée**	Adjectif – adverbe; adjectifs et pronoms démonstratifs; comparaison	80
14. **Les débuts d'un cinéaste**	Gérondif; formes interrogatives; pronoms personnels	86
15. **Claude Lelouch, Une question de vie ou de mort**	Verbes irréguliers; verbes en – ger et -cer; pronoms indéfinis	92
16. **Raymond Lindon, Ferdinand Cristobal, alias Daniel Lévy**	Bien que; finir par; présent – passé	98
17. **Jean-Paul Sartre, «C'est ta vie contre la sienne»**		104

Index grammatical   111

1
Les jeunes et l'amour

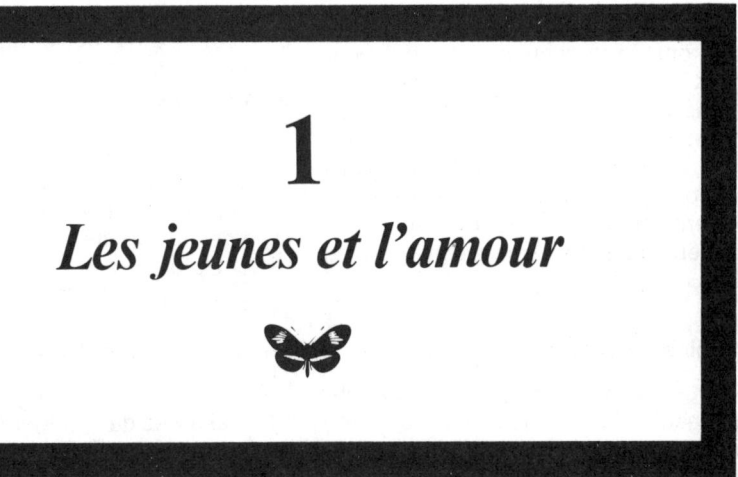

« Aimer », qu'est-ce que c'est, pour un jeune, en 1976? Y a-t-il encore des amoureux au siècle des fusées? Pour essayer de répondre à ces questions, « Record », revue française de jeunes, a interrogé un certain nombre de garçons et de filles. Voici ce qu'ils ont dit:

Corinne, 18 ans: Je vais me marier.

« J'ai connu Hervé quand j'avais 15 ans. Après être sortis ensemble pendant deux semaines, on s'est dit: « On se mariera un jour. »

J'avais été amoureuse de plusieurs garçons avant lui. Mais je n'osais pas aller les voir et leur avouer mes sentiments.

Je me contentais d'écrire des poèmes.

Depuis que j'aime Hervé, je me sens beaucoup plus équilibrée et sûre de moi. J'ai enfin l'impression de vivre. Et puis, je comprends beaucoup mieux mes parents. Dans certaines réactions d'Hervé, je reconnais mon père; j'espère que, plus tard, on s'entendra aussi bien qu'eux.

Bref, on va se marier dans trois mois. Nos copains pensent que c'est de la folie. Ils nous conseillent d'attendre; ils trouvent que nous sommes trop jeunes. (Hervé n'a que deux ans de plus que moi.) Evidemment, je voulais faire beaucoup de choses; par exemple, j'aurais aimé partir dans un pays sous-développé. Mais maintenant, je n'ai plus qu'un but dans la vie: rendre Hervé heureux et être heureuse avec lui. »

Nathalie, 16 ans: Garder sa liberté

« On peut très bien vivre sans être amoureux. J'aimerais mieux que cela m'arrive plus tard. Je préfère garder ma liberté; j'ai envie de faire des tas de trucs avant de me marier. »

Sylvie, 17 ans: Pas si facile!

«Ils ont de la chance, ceux qui peuvent parler franchement à leurs parents quand ils sont amoureux; moi, ce n'est pas le cas, à la maison. Une fois, j'en ai parlé: c'est comme si j'avais annoncé que j'avais la peste. Ils me disent qu'à 17 ans, ce n'est pas sérieux. Ils n'ont jamais aimé comme moi.»

Sabine, 16 ans: Je ne suis pas belle.

«Tous les journaux de jeunes vantent la beauté. Il est facile de trouver l'âme sœur quand on est beau. Mais moi, je ne suis pas belle. Une fois, j'ai fait la connaissance d'un garçon. Il m'a dit qu'il m'aimait. Mais au bout de huit jours, il m'a laissée tomber.

Bien sûr, je me dis qu'un jour mon tour viendra, qu'un garçon m'aimera. Mais j'ai peur.»

Jérôme, 17 ans: Pas pour la vie!

«Le grand amour? Ça n'existe pas. En tout cas, c'est difficile, à notre âge. Je crois que ça demande une certaine maturité. Pour l'instant, moi, je trouve que tout le plaisir est dans le changement. Je préfère flirter, faire des expériences. Je rencontre une fille. On se plaît. On sort ensemble pendant une quinzaine de jours; puis je la laisse tomber parce qu'elle ne m'intéresse plus. De toute façon, je ne tiens pas à m'engager pour la vie. Ce qui m'intéresse d'abord, c'est de finir mes études.

Il faut dire qu'il y a tellement de garçons et de filles de mon âge qui s'imaginent être amoureux, tout simplement parce que l'autre leur a fait le compliment qu'il fallait, au moment où il le fallait. Tout ça n'est pas sérieux. A notre âge, on voit seulement la beauté, le physique: des cheveux longs et blonds, un joli sourire, ça suffit. Or, il faut tenir compte du caractère, de la mentalité.

Moi, en tout cas, je suis très content de ma vie sentimentale. En sortant avec des tas de filles, j'ai l'impression de vivre plus.»

François, 17 ans: L'amour physique, non!

«J'en ai assez de changer de fille tous les quinze jours.

J'aimerais avoir un amour sentimental, quelque chose de sérieux, dont on ne parle qu'avec son meilleur ami ou avec son frère. L'amour sentimental, c'est plus fort que l'amour physique. C'est à partir de ce moment-là qu'on arrête de chercher, car on est sûr d'avoir trouvé l'idéal.»

Alain, 18 ans: Sortir de l'enfance

«La première fois que j'ai été amoureux, je me suis senti sorti de l'enfance. Je me suis dit: ‹Ça y est, j'ai de l'importance pour quelqu'un, je ne suis plus inutile. Je ne suis plus un point parmi les autres.›

On commence à être amoureux quand on devient adolescent, c'est-à-dire quand on commence à se débrouiller, à vouloir être libre. On a quand même besoin de ses parents, mais on sent qu'on n'a plus de barrières. Et pourtant, on n'est pas des adultes. Moi, quand je suis amoureux, j'ai plus d'affection pour mes parents. J'en parle avec eux, et ils me parlent de ce qu'ils étaient, à mon âge.»

l'amour *m* ce qui est plus fort que l'amitié – 2 **des amoureux** des gens qui s'aiment – 2 **une fusée** (rocket) – 6 **connaître** *ici:* faire la connaissance de – 11 **oser** avoir le courage de – 12 **avouer** confesser – 17 **équilibré** raisonnable – 18 **j'ai l'impression de** il me semble que – 24 **bref** en peu de mots – 25 **copains** *fam* camarades préférés – 25 **c'est de la folie** c'est fou – 26 **conseiller** recommander – 33 **un but** ce que l'on veut atteindre – 40 **des tas de** *fam* beaucoup de – 41 **un truc** *fam* une chose – 44 **franchement** sincèrement, sans hésitation – 53 **vanter qc** dire beaucoup de bien de qc – 54 **l'âme sœur** *f* personne qui s'accouple naturellement et parfaitement avec un autre. On dit: rencontrer 'sa moitié' (soulmate) – 58 **au bout de** après, à la fin de – 75 **je ne tiens pas à** je n'ai aucune envie de – 78 **tellement** *ici:* beaucoup, tant – 80 **s'imaginer** *ici:* croire à tort – 90 **la vie sentimentale** vie amoureuse – 102 **à partir de** dès, à dater de – 114 **se débrouiller** *ici:* devenir plus capable, indépendant et responsable.

Questions

a) 1. Depuis combien de temps est-ce que Corinne sort avec Hervé?
2. Elle a changé depuis qu'elle le connaît. En quoi?
3. Corinne et Hervé veulent se marier dans trois mois. Qu'est-ce que leurs copains en pensent?
4. Qu'est-ce que Corinne aurait aimé faire avant de se marier? Quel est son but maintenant?
5. Nathalie voudrait garder sa liberté. Qu'est-ce qu'elle pense de l'amour?
6. Quel est le problème de Sabine?
7. Jérôme ne veut pas s'engager pour la vie. Pourquoi?
8. Il dit qu'à son âge on croit être amoureux, mais qu'en réalité ce n'est pas sérieux. Pourquoi, à son avis?
9. Pourquoi est-ce que François voudrait avoir un amour sentimental?
10. Qu'est-ce qui a changé pour Alain la première fois qu'il a été amoureux?
11. Qu'est-ce que Corinne pense de l'amour? Et Nathalie? Comparez également les opinions de Jérôme et de François sur ce sujet.

b) 12. Est-ce que vous conseilleriez également à Corinne d'attendre? Pourquoi?
13. La plupart des parents pensent, comme ceux de Sylvie, qu'à 17 ans on ne peut aimer sérieusement. Etes-vous de cet avis?
14. Quand ils sont amoureux, certains jeunes comprennent mieux leurs parents et d'autres ne s'entendent plus du tout avec eux. Expliquez pourquoi.

A discuter

Cherchez des arguments pour et des arguments contre le mariage à 18 ans.

Exercices de vocabulaire

1. *Formez le contraire: in [ɛ̃-], in [in-], im [ɛ̃-], ou im [im-]?*

   a) connu
   b) égal
   c) direct
   d) certain
   e) complet
   f) élégant
   g) occupé
   h) pur
   i) utile
   j) poli
   k) humain
   l) mobile

   Groupez les mots obtenus d'après leur formation.

2. *Cherchez dans le texte les expressions concernant la vie sentimentale.*

   Exemples: être amoureux de qn, avouer ses sentiments à qn, etc.

3. *Dans chaque groupe un mot n'est pas à sa place. Cherchez-le.*

   a) aimer – être amoureux – vanter – flirter – bien s'entendre
   b) amour – impression – amitié – affection
   c) des tas de – pas mal de – beaucoup de – peu de
   d) évidemment – naturellement – eh bien – bien sûr

4. *Quelles expressions correspondent les unes aux autres?*

   Exemple: laisser tomber qn *correspond à* quitter qn.

   a) laisser tomber qn
   b) promettre le mariage à qn
   c) garder sa liberté
   d) flirter
   e) dire à qn qu'on l'aime
   f) avoir un but dans la vie
   g) dire des choses agréables à qn
   h) aimer qn
   i) aimer bien qn
   j) trouver l'âme sœur

   a) ne pas se marier
   b) savoir ce qu'on veut
   c) faire des compliments à qn
   d) trouver qn qui vous comprend
   e) s'engager pour la vie
   f) quitter qn
   g) être amoureux de qn
   h) avoir de l'affection pour qn
   i) avouer ses sentiments à qn
   j) changer souvent de fille/de garçon

Exercices de grammaire

1. *Cherchez dans le texte les verbes et expressions qui sont suivis d'un infinitif.*

2. Ce que Michel et Mireille pensent de l'amour.

   Ajoutez «de» ou «à», là où il le faut.

   Michel: L'amour ne rend pas toujours heureux.

   1. On était fous l'un de l'autre. On avait l'impression ... être au septième ciel.
   2. On était sûrs ... être faits l'un pour l'autre.

— *Tout bien réfléchi, Philippe,
je crois que je ne vous épouserai pas!*

3. Nous passions notre temps . . . nous avouer nos sentiments.
4. Ce que l'un proposait . . . faire, l'autre voulait . . . le faire aussi.
5. Un jour, je lui ai demandé . . . devenir ma femme.
6. Mais nos parents étaient contre. Ses parents lui conseillaient . . . attendre. Les miens me disaient . . . réfléchir, et . . . terminer mes études avant . . . me marier.
7. Alors nous avons décidé . . . attendre.
8. Au bout de six mois, tout a changé. Elle a commencé . . . m'éviter. Elle ne tenait plus . . . sortir avec moi.
9. Comme j'avais peur . . . la perdre, je n'ai pas osé . . . lui demander ce qu'elle avait contre moi.
10. J'ai essayé . . . être encore plus gentil avec elle, mais je n'ai pas réussi . . . lui faire changer d'avis.

Mireille: Etre le jouet des garçons? Ça, jamais.

1. J'aime bien . . . sortir avec des garçons, mais je tiens . . . garder ma liberté.
2. Je sais que les garçons ne nous invitent . . . sortir avec eux que pour s'en vanter après. Et je n'ai pas du tout envie . . . leur servir de jouet.
3. A notre âge, on a encore beaucoup de choses . . . apprendre.
4. On a envie . . . se débrouiller seul et on a besoin . . . faire certaines expériences. Mais tout d'abord, il faut . . . apprendre . . . se connaître à fond.
5. J'aime bien . . . flirter un peu de temps en temps, mais c'est tout.
6. J'ai peur . . . tomber sur un garçon vraiment sérieux, car je ne veux pas . . . m'engager pour la vie.
7. Je préfère . . . attendre le grand amour et j'espère . . . le trouver un jour.

– Ça a l'air sérieux:
elle n'aurait permis à personne
de lui faire de l'ombre.

3. a) Quand on est amoureux,

   on veut être avec celui/celle qu'on aime.
   on rêve d'être heureux ensemble.
   on tient à le/la voir le plus souvent possible.

vouloir	rêver		tenir	
pouvoir	essayer		commencer	
aimer	avoir envie	de	se mettre	à
ne pas oser	avoir besoin		arriver	
espérer	être sûr/certain		apprendre	
il faut	avoir peur		réussir	

   b) Que pensez-vous de l'amour à 16 ans? Rédigez une réponse à «Record».

4. Parlons de l'ami(e) de vos rêves.

   Comment l'imaginez-vous? Voici quelques points de vue:

   être beau   plaire à vos parents
   avoir du charme   sortir d'une bonne famille
   savoir bien danser   s'intéresser aux mêmes choses
   être sportif   vous comprendre
   avoir une voiture   avoir de l'ambition
   être gentil   réussir dans la vie
   avoir beaucoup d'argent faire de la politique
   être intelligent   aimer les enfants
   avoir bon caractère   vous rendre heureux

   a) Je voudrais/j'aimerais qu'il (elle) . . .
   b) A mon avis, il est important/indispensable/nécessaire que . . .
   c) Il n'est pas nécessaire/important que . . .

5. Jérôme ou l'égoïsme masculin.
   a) Sa petite amie se plaint de lui:
   – Il refuse de s'engager, mais il exige que je prenne l'amour au sérieux.

   Continuez.

   1. vouloir   garder sa liberté
      ne pas admettre   vouloir faire de même
   2. trouver naturel   faire des expériences
      ne pas vouloir   faire des connaissances
   3. ne pas aimer   écrire
      trouver naturel   lui écrire de longues lettres
   4. aimer   sortir avec d'autres filles
      ne pas accepter   sortir avec d'autres garçons
   5. vouloir   plaire à toutes les filles
      ne pas supporter   plaire à d'autres garçons

   b) – Des types comme lui, j'en connais des tas, ajoute-t-elle.
   Ils refusent de s'engager, mais ils exigent que nous prenions l'amour au sérieux.

   Continuez.

6. Je t'aime, tu m'aimes...

   Ajoutez les pronoms personnels qu'il faut.

   1. Corinne veut se marier avec Hervé.
      Elle est amoureuse de . . . et elle veut . . . rendre heureux.
   2. Ses amies . . . comprennent, mais elles . . . conseillent d'attendre. Elles trouvent qu' . . . et Hervé sont trop jeunes pour se marier.
   3. En effet, Corinne a 18 ans et Hervé n'a que deux ans de plus qu' . . .
   4. Jérôme aime bien flirter. Pour . . ., le grand amour n'existe pas. En tout cas, il ne . . . a pas encore rencontré.
   5. Chaque fois qu'il fait la connaissance d'une fille qui . . . plaît, il sort avec . . . pendant 15 jours, puis elle ne . . . intéresse plus et il . . . laisse tomber.
   6. Il aime bien les filles. Il . . . fait des compliments et il . . . invite à aller danser avec . . .. En flirtant avec beaucoup d'entre . . ., il a l'impression de vivre plus.
   7. Alain s'entend très bien avec ses parents. Il dit: «Mes parents ont confiance en . . . et je discute souvent avec . . .. Je peux . . . parler de tous mes problèmes. Ils . . . comprennent toujours.»
   8. Sylvie se plaint de ses parents: «Ils ne . . . prennent pas au sérieux. Pour . . ., à 17 ans, on ne peut pas être vraiment amoureux. C'est qu'ils n'ont jamais aimé comme . . ..»

Jacques Prévert
... Et voilà

Un marin a quitté la mer
son bateau a quitté le port
et le roi a quitté la reine
un avare a quitté son or
                . . . et voilà

Une veuve a quitté le deuil
une folle a quitté l'asile
et ton sourire a quitté mes lèvres
                . . . et voilà

Tu me quitteras
tu me quitteras
tu me quitteras
tu me reviendras
tu m'épouseras
tu m'épouseras
Le couteau épouse la plaie
l'arc-en-ciel épouse la pluie
le sourire épouse les larmes
les caresses épousent les menaces
                . . . et voilà

Et le feu épouse la glace
et la mort épouse la vie
comme la vie épouse l'amour

Tu m'épouseras
Tu m'épouseras
Tu m'épouseras.

un avare (miser) – **or** *m* (gold) – **une veuve** (widow) – **le deuil** (mourning) – **une folle** (mad woman) – **l'asile** *m* (mental home) – **lèvres** *f* (lips) – **épouser** (to marry, espouse, embrace, become one with – **la plaie** (wound) – **l'arc-en-ciel** *m* (rainbow) – **les larmes** *f* (tears) – **la glace** (ice) – **la mort** (death) – **la vie** (life)

2
Françoise Sagan
Tout est fini entre nous

Dominique, étudiante en droit, est fiancée avec Bertrand, étudiant lui aussi. Celui-ci la présente à son oncle Luc, un homme de cinquante ans, charmant et très jeune de caractère. Dominique et Luc passent ensemble 15 jours merveilleux sur la côte d'Azur. Puis Dominique rentre à Paris.

5 Elle raconte ici son dernier rendez-vous avec Bertrand.

A la pension, je trouvai un mot de Bertrand me demandant de l'appeler dès mon retour. Sans aucun doute, c'était une explication qu'il voulait – car je ne croyais pas beaucoup à la discrétion de Catherine – mais je lui devais bien ça. Je l'appelai donc et nous prîmes rendez-vous.

10 A six heures je retrouvai Bertrand au café de la rue Saint-Jacques et il me sembla qu'il ne s'était rien passé, que tout recommençait. Mais dès qu'il se leva et m'embrassa sur la joue, je fus rappelée à la réalité.

— Tu as **embelli**, dis-je, avec une sincérité véritable et avec la cynique petite pensée intérieure: «Dommage».
— Toi aussi, dit-il. Je voulais que tu saches: Catherine m'a tout dit.
— Tout quoi?
— Ton séjour sur la côte. Un ou deux recoupements m'ont fait penser que c'était avec Luc. C'est vrai, non?
— Oui, dis-je. (J'étais impressionnée. Il n'avait pas l'air furieux, simplement calme et un peu triste.)
— Alors, voilà: je ne suis pas un type à partager. Je t'aime encore. Tu n'as qu'à choisir: ou tu ne vois plus Luc et nous continuons. Ou tu le vois et nous restons bons amis. C'est tout.
— Evidemment, évidemment.

Je ne trouvai absolument rien à dire. Bertrand n'était plus rien pour moi, absolument rien. Je posai ma main sur sa main.
— Je suis désolée, dis-je, je ne peux pas.

Il resta une seconde silencieux, regardant par la fenêtre.
— C'est un peu dur à passer, dit-il.
— Je n'aime pas te faire souffrir, repris-je, et j'étais vraiment malheureuse.
— Ce n'est pas le plus difficile, dit-il comme pour lui-même. Tu verras. Quand on est décidé, ça va. C'est quand on s'accroche.

Il se tourna vers moi soudainement.
— Tu l'aimes?
— Mais non, dis-je. Il n'en est pas question. Nous nous entendons très bien, c'est tout.
— Si tu as des ennuis, je suis là, dit-il. Et je crois que tu en auras. Tu verras: Luc, ce n'est rien. Il est intelligent, d'accord, mais c'est tout.

Je pensai avec une bouffée de joie à la tendresse de Luc, à ses rires.
— Crois-moi. De toute façon, ajouta-t-il, je serai là, tu sais, Dominique. J'ai été très heureux avec toi.

Nous avions tous deux envie de pleurer. Lui parce que c'était fini et qu'il avait dû quand même espérer; moi, parce que j'avais l'impression de perdre mon protecteur naturel, pour me lancer dans une aventure confuse. Je me levai et l'embrassai légèrement.
— Au revoir, Bertrand. Pardonne-moi.
— Va-t-en, dit-il avec douceur.

Je sortis complètement démoralisée. Cette année commençait bien...

1 **le droit** *ici:* science des lois étudiée à l'université (law) – 6 **la pension** maison où l'on est logé – 6 **dès mon retour** quand je serai rentrée – 8 **mais je lui devais bien cela** je me sentais obligée de lui donner une explication – 10 **qu'il ne s'était rien passé** que tout était comme

d'habitude – 11 **embrasser** donner un baiser (kiss) – 12 **la joue** partie du visage (cheek) – 12 **je fus rappelée à la réalité** cela me fit revenir à la réalité – 13 **embellir** devenir plus beau – 13 **véritable** vrai – 14 **une pensée intérieure** *ici:* une observation secrète – 15 **tu saches** subjonctif, de savoir– 17 **un séjour** temps passé quelque part (stay) – 17 **des recouplements** vérification d'une information par des renseignements venant de sources différentes (crosschecking) – 21 **je ne suis pas un type à partager** je n'accepte pas que ma fille soit aussi la fille d'un autre – 27 **je suis désolée** je regrette beaucoup – 29 **c' est dur à passer** *ici:* c'est dur à accepter – 30 **reprendre** *ici:* continuer – 32 **quand on s'accroche** quand on ne veut pas reconnaître que tout est fini – 35 **nous nous entendons très bien** – nous sommes de très bons amis – 37 **des ennuis** des difficultés, des problèmes – 38 **d'accord** *ici:* oui, je l'admets, cest aussi mon opinion – 39 **une bouffée de joie** joie soudaine et forte – 40 **de toute façon** (anyway)

Questions

a) 1. Que savez-vous des personnages dont il est question dans le texte?
2. Qu'est-ce qui s'est passé au cours des quinze derniers jours?
3. Pourquoi est-ce que Bertrand veut parler à Dominique?
4. Comment réagit-il quand celle-ci lui avoue ce qu'elle a fait? Qu'est-ce qu'il lui dit alors?
5. Pourquoi est-ce que Dominique est décidée à quitter Bertrand?
6. Qu'est-ce que Bertrand lui promet alors?
7. Qu'est-ce que Luc représente pour Dominique? Et Bertrand?

b) 8. Dominique dit qu'elle n'aime pas Luc. Qu'est-ce que vous en pensez?
9. Qu'est-ce que vous auriez fait à la place de Dominique?
10. Comment est-ce que vous réagiriez, si vous appreniez que votre petite amie sort avec un autre garçon?

Exercices de vocabulaire

1. *Choisissez l'expression qui correspond.*

a) simplement:	seulement légèrement un peu	☐ ☐ ☐	c) complètement:	très tout à fait vraiment	☐ ☐ ☐
b) évidemment:	peut-être pas du tout bien sûr	☐ ☐ ☐	d) soudainement:	tout de suite tout à coup après tout	☐ ☐ ☐

2. *Trouvez des expressions avec le verbe «passer», faites-en une liste et employez-les dans des phrases.*

3. *Complétez.*

beau/bel/belle	embellir	pâle	?
?	maigrir	?	rajeunir
rouge	?	?	blanchir
?	noircir	grand	?
?	vieillir	?	grossir

4. Exercice d'orthographe

   Lisez.

   Qui, Luc, chaque, commun, occuper, avec, secrétaire, banque, courant, aucun, cas, quand, que, facteur, compote, pourquoi, beaucoup, chimique, Jacques, école.

Exercices de grammaire

1. Quand on s'aime...

   Adjectif ou adverbe?

Quand on s'aime	vrai	on se sent	sûr de soi
on change	complet	on trouve l'autre	merveilleux
on est	heureux	on agit plus	raisonnable
on se voit	régulier	on s'entend	bon
on se parle	gentil	on se quitte	difficile

2. En revenant de la côte d'Azur.

   a) *Etudiez les participes présents.*

   1. A la pension, je trouvai un mot de Bertrand me *demandant* de l'appeler (= *qui me demandait*...)
   2. Ne *croyant* pas beaucoup à la discrétion de Catherine, je savais de quoi il voulait me parler (= *Comme* je ne croyais pas...)
   3. *Relisant* la lettre de Bertrand, je réfléchissais à ce que j'allais lui dire. (= Je relisais... *et* je...)

   b) *Transformez les participes présents d'après les exemples donnés.*

   1. Me rendant compte qu'une explication était nécessaire entre Bertrand et moi, je lui ai téléphoné.
   2. Nous avons pris rendez-vous, faisant comme si rien ne s'était passé.
   3. Croyant qu'il serait furieux, j'avais un peu peur de le revoir:

4. Prenant mon courage à deux mains, je partis.
5. Au café, Bertrand, m'attendant sans doute depuis un certain temps, se leva.
6. Voulant gagner du temps, je lui dis qu'il avait embelli.
7. Mais Bertrand, n'ayant pas envie de continuer sur ce sujet, me dit qu'il savait tout.

3. Petites annonces.

   a) *Déchiffrez les annonces suivantes. N'oubliez pas les participes présents.*

   Exemple: Jeune fille, 16 ans, habitant Maroc, désire correspondre avec fille ou garçon français. Aime danse et musique. Ecrire à C. Giraud...

   1. J. f. 16 ans, habit. Maroc, désire corr. av. f. ou g. fr. Aime danse et mus. Ecr. à C. Giraud...

   2. J. h. 17 ans, ven. du Canada, habit. à Paris, pratiquant sp., aim. danse, souh. sortir av. j. f. fr. Tél. ...

   3. J. filles, 15 et 16 ans, souh. corr. av. g. all. parl. fr., aim. danse, mus. mod., habit. Munich. Ecr. à...

   4. J. h. 15 ans, parl. angl., dés. corr. av. j. f. ou g. amér. ou angl. Goûts: tennis, natat., anim. Ecr. à M. Drouet...

   b) *Faites des phrases complètes.*

Centre d'intérêt

La vie en rose – la vie en noir

l'amour	amoureux, se	aimer
le bonheur	heureux, se	—
la merveille	merveilleux, se	s'émerveiller
la joie	joyeux, se	se réjouir
la beauté	beau, bel, belle	embellir
la gaieté/gaîté	gai, e	—
la douceur	doux, ce	adoucir
la tendresse	tendre	attendrir
l'entente	—	s'entendre
le calme	calme	calmer
le pardon	pardonnable	pardonner
la tristesse	triste	attrister
la souffrance	souffrant, e	souffrir
le malheur	malheureux, se	—

1. *Devinez le sens des mots inconnus.*
2. *Imaginez une histoire d'amour en employant ces mots.*

Salvatore Adamo
Et t'oublier

Et marcher sous la pluie
En regardant le ciel
Et ne penser à rien
Qu'à la pluie qui ruisselle
Qu'à la pluie sur ma peau
Qui vient tout effacer
Etre un homme nouveau
N'avoir pas de passé

Et t'oublier
Et t'oublier
Et t'oublier

Et marcher dans la nuit
M'enivrer de son charme
Marcher à l'infini
Me vider de mes larmes
Marcher comme un pantin
Et tomber à genoux
Et marcher malgré tout
Marcher jusqu'à plus rien

Marcher enfin ravi
De n'avoir plus de chaînes
Et au bout de la peine
Voir se lever la vie
La vie aux yeux câlins
Comme une fille au réveil
Et lui prendre la main
Et courir au soleil

Et t'oublier

---

ruisseler (to stream) – **la peau** (skin) – **s'enivrer** (to become intoxicated) – **vider** (to empty) – **un pantin** (puppet) – **les genoux** *m* (knees) – **malgré** (in spite of) – **jusqu'à** (until) – **ravi** (delighted) – **la peine** (sorrow, grief) – **câlin** (inviting, tempting) – **au réveil** (on awaking)

3 Copainville...
comme son nom l'indique

En plein centre de Troyes, il y a un parc de 20.000 m². Quand on y entre, on découvre un certain nombre de pavillons reliés entre eux par des petits chemins qui courent parmi les pelouses. Ce parc, c'est Copainville, un village de jeunes travailleurs, entièrement administré par des jeunes.

5 *L'histoire de Copainville*

Un matin de mars 1958, trois jeunes travailleurs avaient été trouvés à moitié morts de froid et de fatigue, devant un foyer de la ville, où ils n'avaient pas pu passer la nuit, faute de place.
Un groupe d'amis – des jeunes travailleurs et un prêtre-ouvrier –, qui con-
10 naissaient déjà beaucoup de jeunes seuls dans la vie, lancèrent alors l'idée d'un village de jeunes travailleurs, qui serait construit et administré par ses habitants.
L'idée eut du succès. De nombreux jeunes prirent contact avec le groupe et se déclarèrent prêts à prendre part à cette expérience. Il ne restait plus qu'à
15 commencer la construction. Mais pour cela, il fallait un terrain et des matériaux. Les futurs habitants de Copainville lancèrent donc plusieurs appels à la radio. C'est ainsi qu'une usine abandonnée sur un terrain couvert de broussailles leur fut offerte. En même temps, ils reçurent des matériaux de tous les coins de France et même de l'étranger. Puis ils se mirent au travail. En un an,
20 en travaillant tous les soirs, souvent très tard, ils réussirent à bâtir les premiers pavillons. Bientôt, le village fut terminé.
Depuis, son aspect change sans arrêt. Les habitants plantent des arbres et des fleurs, fabriquent des bancs, entretiennent les pelouses: ils font tout pour que la vie soit agréable à Copainville.

25 *Copainville, aujourd'hui*

Le village est habité par soixante-quinze garçons et une quinzaine de filles, tous des jeunes travailleurs. La plupart d'entre eux ont des chambres individuelles.

Pour être admis, il suffit d'avoir un emploi et de payer le prix de la pension,
30 qui est d'environ 380 F par mois, pour la chambre et deux repas par jour. On accueille aussi les jeunes de passage. Ils sont logés en dortoirs pour un prix modeste.

Dans le bâtiment d'accueil, où l'on reçoit les nouveaux pour qu'ils règlent les différentes formalités, il est bien difficile de reconnaître l'ancienne usine.
35 C'est là que les jeunes prennent leurs repas, mais c'est aussi le lieu où ils se rencontrent pour discuter des problèmes de l'heure: le chômage, les grèves, les salaires. On parle alors des copains qui ont perdu leur emploi. Ceux qui sont particulièrement en difficulté peuvent être logés et nourris gratuitement pendant huit jours.

40 Copainville est, en pleine société de consommation, une expérience très intéressante: c'est un modèle de solidarité entre les hommes.

1 **en plein centre** dans le centre – 2 **un pavillon** petite maison – 2 **reliés** (connected) – 3 **une pelouse** (lawn) – 6 **à moitié** à demi – 7 **un foyer** *ici:* institution philanthropique pour loger des gens – 8 **faute de place** il n'y avait pas de place – 9 **un prêtre-ouvrier** un responsable de l'église catholique qui est aussi un travailleur ordinaire – 10 **lancer une idée** faire de la publicité pour une idée que l'on a – 11 **lancer un appel** demander au public de l'aide – 17 **usine** *f* établissement industriel où, à l'aide des machines, on transforme certaines matières premières en produits finis – 17 **les broussailles** *f* végétation non cultivée, épines etc. (brushwood) – 19 **ils se mirent** ils commencèrent – 23 **entretenir** maintenir en bon état – 26 **la plupart** la majorité – 29 **être admis** *ici:* être autorisé à habiter le village – 30 **environ** 18, 19, 21, 23 = environ 20 – 31 **accueillir** recevoir – 31 **loger quelqu'un** *ici-* mettre un lit à sa disposition – 33 **le bâtiment d'accueil** là où l'on reçoit les gens – 36 **le chômage** période d'inactivité pour une industrie parce qu'il n'y a pas de travail – 36 **la grève** période où l'on ne travaille pas parce qu'on est insatisfait des conditions – 37 **le salaire** somme d'argent qu'on reçoit régulièrement pour son travail

Questions

a) 1. Qu'est-ce qui s'était passé un matin de mars 1958 à Troyes?
2. Qui est-ce qui a alors lancé l'idée de construire un village de jeunes travailleurs?
3. L'idée a eu du succès. Comment est-ce que cela s'est manifesté?
4. Qu'est-ce qu'on a offert aux jeunes travailleurs, pour qu'ils puissent commencer à construire le village?
5. Par qui est-ce que le village est administré?
6. Quelles sont les conditions à remplir pour être admis à Copainville?
7. Où est-ce que les habitants sont logés?
8. Qu'est-ce qu'on offre aux copains qui sont particulièrement en difficulté?

b) 9. Aimeriez-vous vivre à Copainville? Pourquoi?
10. Quels sont les avantages que Copainville offre à ses habitants qui, pour la plupart, sont seuls dans la vie?
11. Quels problèmes la vie collective pourrait-elle poser?
12. Comment peut-on pratiquer la solidarité dans la vie de chaque jour? Donnez des exemples.

Exercices de vocabulaire

1. *Expliquez et traduisez.*

   a) les jeunes travailleurs
   b) un foyer de la ville
   c) une usine abandonnée
   d) de tous les coins de France
   e) entretenir la pelouse
   f) une chambre individuelle
   g) les jeunes de passage
   h) le dortoir
   i) les problèmes de l'heure
   j) être logé et nourri

2. *Complétez.*

a) Pour construire un bâtiment, on a besoin de   matières
                                                                              matériaux
                                                                              métiers

b) **Depuis que les travaux sont terminés, le village a changé de/**   vue
   d'   aspect
                                                                                             visage

c) Quand les ouvriers arrêtent le travail pour obtenir
ce qu'ils demandent, on parle de   grève
                                                                                      chômage
                                                                                                               congé

3. *Donnez l'infinitif des verbes suivants:*

a) il découvre   d) offert, e   g) ils entretiennent
b) mort, e   e) ils reçurent   h) il règlent
c) ils connaissaient   f) ils se mirent   i) ils prennent

4. *Cherchez des mots de la même famille.*

a) couvrir; b) mourir; c) employer; d) former; e) passer; f) bâtir

5. *Ancien, vieux, nouveau ou neuf?*
   1. Copainville est un village d'un genre . . . habité par des jeunes travailleurs.
   2. On y trouve des bâtiments . . . que les jeunes travailleurs ont construits eux-mêmes.
   3. Mais le bâtiment d'accueil est une . . . usine.
   4. C'est là qu'on reçoit les . . . habitants.
   5. Ce . . . bâtiment a été transformé et on le reconnaît à peine.

6. *Masculin ou féminin?*

passage	visage	paysage	page
embouteillage	image	montage	personnage
ménage	avantage	plage	sondage

7. *Cherchez des expressions concernant la vie des jeunes travailleurs.*

Exercices de grammaire

1. *Cherchez dans le texte toutes les phrases dont le verbe est au passif. Indiquez le temps du verbe.*

2. Visite à Copainville.

   a) *Lisez ce que le prêtre-ouvrier a dit à des visiteurs.*
   1. Actuellement, il y a 90 jeunes travailleurs qui habitent le village.
   2. En plus, on accueille chaque jour de nombreux jeunes de passage.
   3. On loge ces jeunes dans des dortoirs.
   4. Chaque jour, on sert environ 150 repas chauds à la cantine.
   5. Ce sont les jeunes travailleurs qui administrent le village.
   6. Ce sont également les habitants qui entretiennent les bâtiments et les pelouses.
   7. C'est une expérience vraiment réussie. Chaque semaine, de nombreux journalistes visitent le village.

   b) *Répétez ce que le prêtre-ouvrier a dit, en mettant l'accent sur les faits.*

   Exemple: Actuellement, le village est habité par 90 jeunes travailleurs.

3. Faits divers.

   Trois policiers blessés dans un hold-up.
   Un million de francs volés en plein jour.

   Continuez.

   a) une jeune fille – attaquer – à la sortie d'un bal
   b) deux garçons et deux filles – gravement blesser – dans un accident
   c) un immeuble – détruire – par une explosion
   d) les voleurs de tableaux – reconnaître – par un chauffeur de taxi
   e) une voiture volée – revendre – à un agent de police
   f) peintures préhistoriques – découvrir – dans une grotte en Auvergne
   g) diplomate étranger – retenir – pendant deux heures dans un commissariat

   Transformez ces titres en phrases complètes.

   Exemple: Trois policiers ont été blessés dans un hold-up.

4. Une nuit à Copainville.

   Accordez les participes passés.

   Un jeune étudiant anglais raconte:
   1. Ma sœur et moi, nous étions arrivé... à Troyes, vers 6 heures du soir.
   2. Nous avions une faim de loup et nous étions mort... de fatigue.
   3. Après avoir pris... quelque chose dans un café, nous avons cherché... une chambre d'hôtel. Mais toutes les chambres étaient pris...

4. Nous avions l'adresse d'un foyer; mais cette adresse, qu'un ami nous avait donné... était fausse. Que faire?
5. Alors nous sommes allé... au syndicat d'initiative, mais les bureaux étaient déjà fermé....
6. Une dame, qui nous avait vu... devant la porte, nous a envoyé... à Copainville.
7. Nous y sommes arrivé... vers 8 heures du soir et nous y avons été reçu... très gentiment.
8. Le jeune homme qui nous a accueilli..., nous a montré... nos chambres.
9. Après nous être préparé..., nous sommes allé... manger à la cantine.
10. Le repas qu'on nous a servi... était bon et le prix en était très modeste.
11. Après le dîner, nous avons fait... la connaissance de quelques jeunes et la soirée que nous avons passé... avec eux, compte parmi les plus intéressantes de notre voyage.

Centre d'intérêt

Quelques professions

Commerce/Industrie	Bâtiment	Hôtellerie
le commerçant	l'architecte	l'hôtelier
le vendeur	l'ingénieur	le cuisinier
la secrétaire	le maçon	le garçon
le comptable	le plombier	le portier
Carrières sociales	Journalisme	Professions artistiques
le médecin	le journaliste	le peintre
l'infirmière	le reporter	le musicien
l'assistante sociale	le rédacteur	l'acteur
l'éducateur	le photographe	le réalisateur

1. *Parmi ces travailleurs, lesquels gagnent très bien leur vie?*
2. *Quels sont ceux qui travaillent dans un bureau?*
3. *Quels sont ceux qui ont le plus de contacts avec les gens?*
4. *Pour pratiquer leur profession, certains doivent avoir un diplôme universitaire. Lesquels?*
5. *Quels sont ceux qui n'ont pas de patron?*
6. *D'autres sont là pour nous aider. Lesquels?*
7. *Qu'aimeriez-vous devenir plus tard?*
8. *Connaissez-vous d'autres professions?*

Paul Fort
La ronde autour du monde

Si toutes les filles du monde voulaient s'donner la main, tout autour de la mer elles pourraient faire une ronde.

Si tous les gars du monde voulaient bien êtr'marins, ils f'raient avec leurs barques un joli pont sur l'onde.

Alors on pourrait faire une ronde autour du monde, si tous les gens du monde voulaient s'donner la main.

la ronde round (dance) – **se donner la main** to hold hands – **un gars** lad – **une barque** boat – **l'onde** *f lit* sea

4 *Les jeunes qui volent des voitures*

«Allô, le commissariat central?... Monsieur Granger à l'appareil. On m'a volé ma voiture.»

Chaque année, en France plus de 100.000 automobiles disparaissent. Quels sont les auteurs de ces vols? Des professionnels, bien sûr, mais aussi, et de
5 plus en plus, des jeunes gens.

Portrait-robot du jeune voleur

Il sort d'une famille pauvre. Souvent, ses parents sont alcooliques. La famille vit généralement dans un logement malsain; elle habite parfois un bidonville.

Il se prend pour un «dur»: quand il entend le mot «amour» ou le mot «af-
10 fection», il rit.

Il refuse de travailler: il considère que le travail est fait pour les imbéciles et qu'il y a des moyens bien plus simples de gagner de l'argent.

Il commet généralement son premier vol à sa sortie de l'école. Il a 16 ou 17 ans; ses notes sont très mauvaises; il n'a aucun diplôme. Il sait ce qui
15 l'attend: une place d'apprenti dans une usine, ou sur un chantier, s'il peut en trouver une. Mais il rêve d'autre chose. A la télévision, au cinéma, dans les journaux, il a découvert un genre de vie qui lui plairait. Il a vu des hommes riches, puissants, qu'on respecte. Son premier vol, c'est pour lui un moyen d'échapper à la vie qui l'attend, et qui, en comparaison, lui semble médiocre
20 et monotone. Il vole une voiture de sport, et pendant qu'il roule à 140 km/h sur l'autoroute, il est, pour quelques instants, le «jeune cadre dynamique» dont la petite amie est une actrice connue. Il vole une Mercedes, et le voilà directeur d'entreprise, avec maison de week-end, secrétaire et compte en banque.

Gilles, 17 ans, voleur occasionnel

— Il était tard. Mon père m'aurait fait une scène terrible si j'étais rentré à 6 heures du matin. J'ai pris la première voiture qui se trouvait à la sortie du bal, pour rentrer chez moi le plus vite possible. Le lendemain, je ne savais pas que faire... Je n'allais tout de même pas la garder! Alors, je l'ai donnée à Pierre qui est obligé de changer trois fois de bus pour se rendre à l'usine.

Jean-Pierre, 23 ans, voleur professionnel

— Toute mon enfance, je l'ai passée dans un groupe de H.L.M., à quelques kilomètres de Nantes; imaginez des immeubles laids, tristes, un quartier où il n'y a absolument rien à faire pour se distraire. La première fois que j'ai «emprunté» une voiture, avec des copains, c'était pour passer le temps, rigoler un peu. Je n'avais aucun problème pour ouvrir les portes; j'arrivais à mettre en marche n'importe quelle voiture, vous savez, avec un fil de fer. Puis, comme j'étais doué pour ce genre de choses, j'ai voulu tirer profit de ce que je savais faire. J'ai fabriqué de fausses cartes d'identité, de fausses cartes grises, bref tout ce qu'il faut pour revendre les voitures volées. Mon affaire a si bien marché que j'ai loué une chambre d'hôtel pour recevoir mes clients et mon courrier. J'ai même engagé du personnel.

Quand il a été arrêté, Jean-Pierre avait volé plus de vingt voitures. En un an, il était passé «d'emprunteur» occasionnel à voleur professionnel.

1 **à l'appareil** parle au téléphone – 4 **les auteurs** un auteur écrit, par exemple, un livre; *ici;* ceux qui ont volé – 8 **malsain** qui n'est pas sain; où il y a risque d'infection – 8 **parfois** *ici:* peut-être – 8 **un bidonville** quartier composé de baraques sordides et peu solides (shantytown) – 9 **il se prend pour un 'dur'** il n'est pas influencé par ses sentiments – 12 **des moyens** *ici:* des méthodes – 14 **à la sortie** quand il quitte – 15 **un apprenti** personne qui est en train d'apprendre un métier – 15 **un chantier** lieu où travaillent les ouvriers – 17 **un genre de vie** un mode de vie – 17 **plaire** donner du plaisir – 18 **puissant** qui a beaucoup d'influence – 19 **échapper à** fuir (escape) – 21 **un cadre** personne qui dirige des ouvriers ou des employés (boss) – 23 **un compt** *ici:* de l'argent – 25 **un témoignage** fait de raconter ce qu'on a vu, ou vécu soi-même (evidence) – 33 **H.L.M.** Habitations à loyer modéré (blocks of council flats etc.) – 33 **laid** le contraire de joli – 35 **se distraire** passer agréablement son temps libre – 36 **emprunter** prendre quelque chose avec l'intention de le rendre plus tard (borrow) – 36 **rigoler** *fam* rire et s'amuser – 38 **n'importe quelle** (any) – 38 **un fil de fer** (wire) – 41 **bref** en peu de mots

Questions

a) 1. Combien d'automobiles disparaissent chaque année en France?
   2. Quels sont les auteurs de ces vols?
   3. Relisez le portrait-robot. De quel genre de famille est-ce qu'un jeune voleur de voiture sort en général?
   4. Que pense-t-il du travail?
   5. Quelles sont les possibilités qui s'offrent à lui au point de vue professionnel?
   6. Pourquoi commet-il son premier vol?
   7. Que représente pour lui le fait de voler une voiture de sport ou une Mercedes?
   8. Pourquoi est-ce que Gilles a volé une voiture? Qu'est-ce qu'il en a fait ensuite?
   9. Dans quel genre de quartier est-ce que Jean-Pierre a passé son enfance?
   10. Pourquoi a-t-il «emprunté» sa première voiture?
   11. Comment est-il devenu voleur professionnel?

b) 12. Pourquoi est-ce que le milieu familial joue un rôle très important dans l'évolution d'un enfant?
   13. En quoi est-ce que les moyens d'information peuvent avoir une mauvaise influence sur les jeunes?

Exercices de vocabulaire

1. *Trouvez le contraire.*

   a) de plus en plus (5)
   b) jeune (6)
   c) pauvre (7)
   d) souvent (7)
   e) mauvais (14)
   f) trouver (16)
   g) tard (27)
   h) la sortie (28)
   i) mettre en marche (38)

2. *Expliquez.*

   a) un (voleur) professionnel
   b) un alcoolique
   c) **un jeune cadre dynamique**
   d) un acteur, une actrice
   e) un immeuble
   f) une carte d'identité

3. *Complétez.*

le profit	profiter
?	respecter
l'affiche	?
?	se fatiguer

?	conseiller
l'emploi	?
?	essayer
le calcul	?

l'occasion	occasionnel
la superficie	?
la culture	?

plaire	le plaisir
diriger	?
découvrir	?

le vol	voler	le voleur
?	rêver	?
?	?	le marcheur

?	danser	?
le travail	?	?
?	jouer	?

4. «*de*» *ou* «*que*»?
   1. La région parisienne s'étend sur plus ... 10.000 km².
   2. Elle est moins grande ... la Bretagne, mais elle a plus d'habitants ... la Finlande.
   3. On y trouve plus d'industries ... dans d'autres régions françaises.
   4. On y fabrique plus ... la moitié des livres et plus ... tiers des journaux qui sont vendus en France.

Exercices de grammaire

1. L'opinion du commissaire Aubry (La Courneuve, région parisienne).

   Complétez en employant des pronoms relatifs.
   1. «N'oublions pas que ce ... manque à ces jeunes, c'est le contact.
   2. Le milieu familial ... ils sortent n'est pas fait pour les préparer à une vie normale.
   3. Leurs parents ..., souvent, sont alcooliques ou ne vivent plus ensemble, ne s'occupent pas d'eux.

4. Ces jeunes n'ont donc personne . . . ils pourraient parler de leurs problèmes.
5. De plus, les groupes de H.L.M. . . . ils habitent généralement, sont tristes et gris.
6. Il ne faut pas s'étonner si ces jeunes . . . manquent complètement d'affection et . . . la vie est parfaitement vide, se sentent abandonnés et commettent des vols.
7. Ici, à La Courneuve, . . . on appelle la cité des «4000» (4000 logements les uns sur les autres), tout a commencé le jour . . . le patron du café a tué un garçon de 17 ans . . . l'avait menacé avec un couteau.
8. On a alors installé, au cœur des H.L.M., un poste de police . . . le bureau ne rappelle en rien un commissariat. (Il y a des plantes vertes; on a mis des tableaux aux murs; une hôtesse reçoit les visiteurs.)
9. Les jeunes, . . . les plus durs ont été arrêtés, se sont mis peu à peu à nous faire confiance.
10. Cette expérience, . . . a commencé il y a quatre ans, a donné d'excellents résultats: le nombre des délits a baissé de 25%.»

2. Au commissariat de police.

Un agent arrive au commissariat avec un jeune qu'il vient d'arrêter.

Le commissaire veut savoir	*Le jeune répond:*
1. comment il s'appelle	«Gilles Meunier.»
2. où il habite	«Dans un H.L.M.»
3. quel âge il a	«16 ans et demi.»
4. ce que font ses parents	«Mon père est sans travail.»
5. ce qu'il fait tout le temps près des voitures	«Il faut bien passer le temps d'une façon ou d'une autre.»
6. s'il sait conduire	«Je n'ai pas le permis.»
7. pourquoi il s'est sauvé à l'arrivée de l'agent	«Je n'aime pas beaucoup les flics.»

a) *Le commissaire demande:*
   «Comment est-ce que tu t'appelles?», etc.

   Le jeune répond
   qu'il s'appelle Gilles Meunier, etc.

b) Plus tard un autre policier lui a posé les mêmes questions.
   Il voulait savoir
   comment il s'appelait, etc.

   Le jeune lui a répondu de la même façon.
   Il a dit
   qu'il s'appelait Gilles Meunier, etc.

3. Promettre et tenir font deux.

Gilles promet au commissaire de

1. trouver une place d'apprenti dans un garage
2. travailler sérieusement

3. ne plus sortir avec des «durs»
4. prendre une chambre en ville
5. se distraire d'une autre façon qu'en «empruntant» des voitures
6. faire des économies pour s'en acheter une
7. vivre enfin comme tout le monde

a) *Il lui dit:*
«Je vous promets que je trouverai . . .», etc.
b) Un mois plus tard, Gilles se fait prendre de nouveau. Le commissaire lui dit: «Tu te rappelles ce que tu m'avais promis?
Tu m'avais promis
que tu trouverais une place d'apprenti . . .», etc.

4. Les témoignages des jeunes voleurs.

a) **Relisez les témoignages de Gilles et de Jean-Pierre et expliquez (en anglais) la valeur des imparfaits.**

b) *Voici un autre témoignage. Racontez au passé.*

Ça s'est passé comme ça:
1. Vers 11 heures, nous sortons du cinéma. Il pleut et il fait du vent. Ma copine a froid et nous n'avons pas de parapluie.
2. Tous les cafés du quartier sont fermés, et il n'y a pas de bus avant minuit. Que faire?
3. Je me mets à réfléchir. Au bout de la rue, je vois une voiture.
4. Alors je me dis: «Et si tu la prenais?»
5. Je me dirige vers la voiture. La porte est ouverte. Je monte et j'appelle ma copine.
6. D'abord, elle refuse, puis elle s'installe à côté de moi.
7. Je regarde autour de moi, il n'y a personne. J'essaie de mettre le moteur en marche. Je n'y arrive pas tout de suite. Au cinquième essai, le moteur se met à tourner. Juste à ce moment-là, la porte s'ouvre et une voix forte me dit: «Police! Descendez.» C'est un agent en civil qui nous a observés.

5. Exercice de prononciation

Lisez les mots suivants, puis groupez-les:

a) [-il]   b) [-ij]   c) ?

une automobile	Lille	un imbécile
un crayon à bille	un garçon gentil	mille
une cédille	une dame gentille	une famille
un fil de fer	Gilles	tranquille
un fils	je m'habille	utile
ils	la ville	une jeune fille

Vous qui croyez m'aimer...

Vous qui croyez m'aimer...
Vous qui croyez me comprendre...
Vous qui me jugez...
Vous qui voulez tout m'apprendre...

Laissez-moi m'enfermer dans mon silence
Avec mes ombres et mes idées,
Puisque dans mon île d'invraisemblance
Votre morale, vos raisons ne peuvent entrer...

Que savez-vous des merveilles rêvées,
De mes peurs, mes courages de héros?
De mes désirs infinis et jamais avoués,
De mes lumières, de mes chaos?

Vous qui n'avez pas su m'aimer...
Vous qui ne m'avez pas compris
Et malgré tout jugé...
Vous qui m'avez aigri...

poème écrit par un jeune délinquant

---

juger (to judge) – **une ombre** (shadowy figure) – **puisque** (since, because) – **l'invraisemblance** *f* (fantasy) – **morale** *f* (moral code) – **une merveille** (marvel, wonder) – **jamais** (never) – **avouer** (to admit) – **une lumière** (light, *here:* insight, flashes of understanding) – **malgré tout** (in spite of everything) – **aigrir** (to embitter)

5 Consommateurs, ☞ attention publicité!

On ne peut échapper à la publicité. Du matin au soir, dans la rue, sur les murs ou sur les autobus, dans les couloirs, sur les quais, dans les voitures du métro, sur les wagons de chemin de fer, sur les tramways et les autocars, des affiches de toutes les couleurs attirent notre regard. A chaque page de notre journal
5 ou de notre revue, toutes sortes de produits se proposent à nous. A la radio, entre deux chansons, il y a une «page de publicité». A la télévision, entre deux émissions, il y a un spot publicitaire. Au cinéma, l'entracte est occupé par des films publicitaires. Dans les magasins, on nous offre des ventes publicitaires, des occasions magnifiques à saisir. A la maison, dans notre boîte à
10 lettres, sous notre porte, des dépliants, des prospectus, des brochures et des catalogues nous attendent.

Le test que nous vous proposons maintenant vous permettra de voir si, quand vous achetez quelque chose, vous choisissez librement ou si, au contraire, vous suivez, sans vous en rendre compte, les conseils des publicistes.

C'est difficile de dire non à une jolie femme.

Unis pour le meilleur et pour le pire. Et pour la vaisselle ?

60 000 SOLUTIONS A VOTRE PROBLEME DE LOGEMENT

Faites confiance à votre capital-chance

loterie nationale

Déodorant "Pied Nu." Pour garder les pieds secs et frais, comme s'ils étaient nus.

LA VIE VA VITE N'AYEZ PAS UN QUID DE RETARD

Nourries, logées, blanchies, ça ne leur suffit pas pour faire un lait bon et généreux.

Camembert Bridel. Vous l'aimez parce que nous aimons nos vaches.

Jet Tours. Dans 49 pays du monde, nous vous avons préparé un hiver ensoleillé.

Etonnez-vous. Prenez un Cointreau.

Ford Escort 6 CV. Quand on est petit, il faut être costaud.

Fido Boulettes. Les chats et les chiens mangent aussi avec leurs yeux

Test

1. Connaissez-vous la marque du dentifrice que vous utilisez chaque matin? ☐ oui ☐ non
2. Pouvez-vous citer en une minute cinq slogans publicitaires? ☐ oui ☐ non
3. De deux produits qui sont vendus au même prix, choisiriez-vous celui qui est le plus vanté par la publicité? ☐ oui ☐ non
4. Vous souvenez-vous de trois spots publicitaires que vous avez vus à la télé ces derniers jours? ☐ oui ☐ non
5. Porteriez-vous un tee-shirt sur lequel la marque d'un produit est imprimée? ☐ oui ☐ non
6. Dites-vous «Kleenex» ou «Tempo» au lieu de mouchoir en papier? ☐ oui ☐ non
7. Lisez-vous quelquefois les prospectus, catalogues, brochures, etc. que vos parents reçoivent? ☐ oui ☐ non
8. Etes-vous d'avis que les annonces publicitaires informent vraiment les consommateurs? ☐ oui ☐ non
9. Vous intéressez-vous aux films publicitaires qui vous sont présentés au cinéma? ☐ oui ☐ non
10. Achetez-vous certains produits parce qu'ils vous permettent de prendre part à des concours publicitaires? ☐ oui ☐ non

Résultats

Si vous avez donné:

8 réponses positives ou plus,
vous êtes complètement manipulé par la publicité,

de 4 à 7 réponses positives,
vous êtes un consommateur normal,

moins de 4 réponses positives,
vous êtes contre la publicité, et en plus, vous vous en vantez!

un consommateur personne qui achète dans les magasins; un client dans un café etc. – 1 **ne pas pouvoir échapper à qc** être obligé de faire, de regarder qc – 2 **un couloir** un corridor, un passage – 3 **une affiche** inscription publicitaire placardée sur un mur – 4 **attirer** (to attract) – 7 **l'entracte** *m* l'intervalle avant le film en question – 8 **une vente publicitaire** (sales offer) – 9 **une occasion** (bargain) – 10 **un dépliant** un tract (folder) – 14 **sans vous en rendre compte** *ici:* sans remarquer le fait – 14 **un publiciste** spécialiste de publicité – 18 **citer** *ici:* répéter – 20 **vanter qc** dire beaucoup de bien de qc – 24 **imprimer** mettre sur presse – 34 **un concours** une compétition – 42 **se vanter** se glorifier de qc

Questions

a) 1. Où est-ce qu'on trouve de la publicité?
   2. Quels sont les principaux moyens publicitaires?

b) 3. Pourquoi est-ce que les producteurs dépensent tant d'argent pour leur publicité?
   4. A quoi sert la publicité?
   5. Etes-vous d'avis que la publicité est utile aux consommateurs? Pour quelle raison?
   6. On dit souvent qu'il est impossible d'échapper à l'influence de la publicité. Qu'en pensez-vous?
   7. Quel moyen publicitaire vous influence particulièrement?

A discuter

Pour ou contre la publicité?

Jean Grosfroix, épicier:
Moi, je suis pour la publicité. La publicité aide les clients à choisir. Les fabricants font de la publicité dans les journaux. Comme ça, les clients savent ce qu'ils veulent. Moi, je ne fais pas de publicité dans les journaux. Je fais de la publicité dans mon magasin. J'offre aux clients une bonne affaire tous les jours. La bonne affaire du jour, les clients aiment ça. Ils reviennent dans mon magasin le lendemain!

Henri Accaurd, marchand de fromages:
Moi, ça m'est égal. Je ne suis ni pour ni contre la publicité. Je vends mes fromages au marché, dans plusieurs villes. Les clientes me connaissent. Elles savent que mes fromages sont bons. Je n'ai pas besoin de publicité. Mes clientes reviennent chaque semaine.

Mireille Juilhard, étudiante:
Moi, je suis contre. Car, finalement, qui paie pour la publicité? Les fabricants, les magasins? ... Non. C'est nous, les consommateurs, qui payons. Quand je m'achète un collant à 4 F, par exemple, je paie 0,10 F pour la publicité. Vous trouvez ça normal, vous? Il est temps que les consommateurs réagissent!

Exercices de vocabulaire

1. *Trouvez des mots de la même famille.*
   a) voir; b) produire; c) publier; d) vendre; e) courir; f) mettre

2. *Employez le verbe demandé par le sens.*

   1. échapper à qc – éviter qc

      . . . la publicité   . . . un accident
      . . . un coup   . . . la police
      . . . la mort   . . . l'influence de qn

   2. obtenir – recevoir

      . . . un prospectus   . . . un coup de téléphone
      . . . un bon résultat   . . . un poste intéressant
      . . . un renseignement   . . . un joli cadeau

   3. prendre part à qc – faire partie de qc

      . . . un concours de publicité   . . . un club sportif
      . . . un comité   . . . une réunion politique
      . . . un test   . . . un groupe de jeunes

3. *Dans le texte, il y a des mots anglais. Lesquels?*

Exercices de grammaire

1. La publicité.

   a) *Posez les questions en faisant l'inversion.*

   1. Où est-ce qu'on trouve de la publicité?
   2. Est-ce que vous vous plaignez quelquefois de la publicité?
   3. Est-ce qu'il est facile d'échapper à la publicité?
   4. Est-ce que vous vous rendez vraiment compte de son influence?
   5. Est-ce que vous vous intéressez au travail des publicitaires?
   6. Est-ce qu'il est facile d'imaginer des slogans?
   7. Est-ce que vous discutez quelquefois de la publicité, vous et vos copains?
   8. Est-ce que vous croyez à ce que promettent les slogans?

   b) *Répondez en employant «en» ou «y».*

2. Spot publicitaire.

   Le reporter: Madame, vous vous servez de quel produit pour laver?
   Madame X: Je prends toujours «Super Blanc».
   Le reporter: Et vous utilisez «Super Blanc» depuis combien de temps?

Mme X: Depuis cinq ans.
Le reporter: Vous changeriez de produit?
Mme X: Ah non! Jamais de la vie. Les chemises de mon mari n'ont jamais été aussi blanches que depuis que j'utilise «Super Blanc».
Le reporter: Vous voulez essayer le nouveau «Super Blanc»?
Mme X: Oui, je veux bien. Avec le nouveau «Super Blanc», mes chemises seront encore plus blanches... super-blanches!!

Reposez les questions du reporter en employant «est-ce que».

3. On n'échappe pas à la publicité.
   a) *Etudiez l'emploi de «sans» et de «sans que».*
   1. Chaque fois qu'on allume la télé, on voit un spot publicitaire.
      On ne peut pas allumer la télé sans voir un spot publicitaire.
   2. Chaque fois qu'on met la radio, il y a une «page de publicité».
      On ne peut pas mettre la radio sans qu'il y ait une «page de publicité».
   b) *Reliez les phrases suivantes d'après les exemples donnés.*
   1. Chaque fois qu'on regarde dans sa boîte à lettres, on y trouve des prospectus.
   2. Chaque fois qu'on ouvre une revue, on tombe sur des annonces publicitaires.
   3. Chaque fois qu'on va dans un magasin, des ventes publicitaires sont offertes.
   4. Chaque fois qu'on se promène dans la rue, des affiches attirent notre regard.
   5. Chaque fois qu'on marche dans les couloirs du métro, on voit des panneaux.

Centre d'intérêt

Du producteur au consommateur

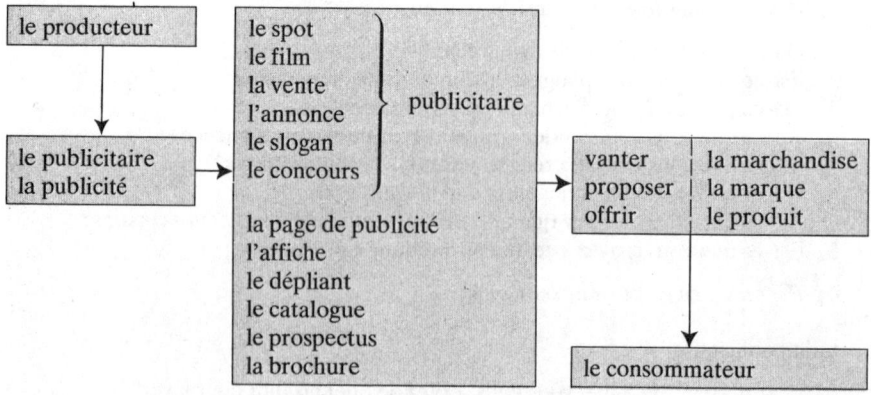

Un producteur veut lancer un nouveau produit. Quels moyens a-t-il à sa disposition pour le faire connaître?

6
Qui fait quoi dans la maison?

Trente ans, dix ans de mariage, trois enfants... Depuis trois ans, Monique est secrétaire dans une société de produits chimiques. Avec son métier, ses enfants, son appartement, n'est-elle pas surchargée de travail?
— Mon mari m'aide, explique-t-elle. Surtout depuis que je travaille. Luc et moi nous occupons ensemble du budget, du ménage et de l'éducation de nos enfants.
— Des maris comme le vôtre, il n'y en a pas beaucoup!

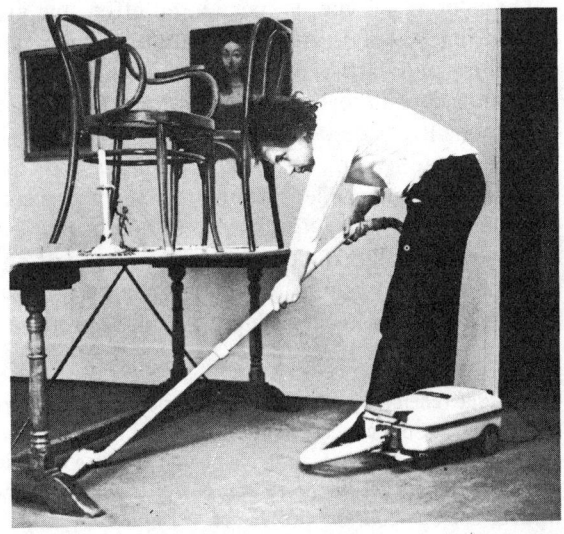

– *Chez nous, il n'y a aucun problème.*

— Mais si. Beaucoup de ménages s'organisent de la même façon. Il y a de moins en moins de domaines qui sont réservés à la femme et d'autres au mari. Cela tient au fait qu'il y a de plus en plus de femmes qui travaillent. Les conditions de vie changent, et avec elles les façons de se comporter. Chez nous, cela n'a posé aucun problème. Je sais que, pour d'autres ménages, c'est plus difficile. Ils doivent peu à peu changer leurs habitudes: apprendre à organiser ensemble leur vie de chaque jour, à résoudre en commun les problèmes courants. Certains n'y arrivent pas, surtout dans les générations précédentes... Ma mère s'étonne toujours quand elle voit Luc en train de passer l'aspirateur ou de faire dîner les enfants. «Ton père n'aurait jamais fait cela», dit-elle. Et pourquoi? Ne savait-il pas mettre la table, ou l'idée ne lui en est-elle jamais venue?

Le problème, ainsi posé, semble évidemment facile à résoudre. En réalité, souvent, d'autres facteurs plus complexes entrent en jeu. C'est en tout cas l'avis de Jacques, 25 ans, professeur, et de sa femme France, 20 ans, sans profession.

— Il est évident que les conditions de vie changent, dit France, mais les esprits ont du mal à suivre.

— Il ne suffit pas, ajoute Jacques, que l'homme ouvre à sa femme son compte en banque, qu'il mette la table ou qu'il fasse la cuisine. Ce qu'il faut, c'est qu'il ne se sente pas «moins homme» parce qu'il fait cela. Il ne faut pas non plus qu'il devienne la bonne de sa femme et que ses amis se moquent de lui.

France et Jacques sont d'avis que «c'est dès l'enfance, à l'école, et surtout dans sa famille, que l'homme doit être préparé à son rôle au foyer.»

De ce point de vue, la mère a, en effet, une grande influence sur l'enfant. Ses préjugés, ses attitudes déterminent une grande part du comportement qu'il aura plus tard vis-à-vis de la femme. C'est elle qui, indirectement, lui apprend à considérer — ou à ne pas considérer — la femme comme son égale.

— Prenons le cas de beaucoup de mes élèves, dit Jacques. Ils ne font pas leur lit, parce que leur mère considère que ce n'est pas un travail d'homme. On peut être sûr qu'avec leur femme, ils auront un comportement de petit sultan.

— Certains pensent, ajoute France, que le jeune époux qui ne fait rien chez lui se sentira obligé d'aider sa femme quand ils auront des enfants. Moi je ne suis pas de cet avis. On ne change pas en un instant. Il faut du temps pour apprendre à vivre avec quelqu'un, pour apprendre à partager.

1 **chimique** (chemical) – 3 **surchargé** quand on a trop de travail – 5 **le ménage** *ici*: le travail domestique, ce qui concerne l'intérieur d'une maison – 8 **si,** oui – 8 **ménages** *ici*: couples – 10 **cela tient au fait que** c'est parce que – 11 **se comporter** se conduire d'une certaine manière – 11 **les façons de se comporter** *ici*: les coutumes – 14 **résoudre les problèmes** trouver une solution aux problèmes – 14 **courant** actuel, du noment – 16 **un aspirateur**

(voir l'illustration; sur la photo cet homme se sert d'un aspirateur) – 22 **l'avis** *m* l'opinion – 29 **une bonne** une servante – 31 **au foyer** *ici:* au domicile, chez lui – 33 **un préjugé** une opinion formée sans examen, un préjudice – 34 **le comportement . . . vis-à-vis de** *ici:* son attitude concernant – 39 **l'époux** le mari

Questions

a) 1. Faites un portrait rapide de Monique.
2. Pourquoi est-ce qu'elle n'est pas surchargée de travail?
3. De quoi est-ce qu'ils s'occupent ensemble?
4. Il y a de plus en plus d'hommes qui s'occupent du ménage. Pour quelle raison?
5. Les conditions de vie changent. Quel est l'avis de Jacques et de France sur ces changements?
6. Où est-ce que l'homme doit être préparé à son rôle au foyer?
7. En quoi est-ce que la mère a, de ce point de vue, une grande influence sur l'enfant?

b) 8. Qu'est-ce qu'un garçon doit apprendre pour se préparer à son futur rôle de père de famille?
9. Décrivez la journée d'une femme mariée qui a trois enfants et qui travaille dans un bureau.
10. Votre mère a décidé de travailler/d'arrêter de travailler. Quelles seront les conséquences de cette décision, pour elle, pour vous, pour l'ensemble de votre famille?

Exercices de vocabulaire

1. *Dans chaque groupe un mot n'est pas à sa place. Cherchez-le.*

    a) l'aspirateur – le réfrigérateur – la machine à écrire – la cuisinière
    b) l'enfance – la jeunesse – le domaine – la vieillesse
    c) le mari – la femme – la bonne – l'enfant
    d) la profession – le métier – le travail – le préjugé

2. *«Changer» ou «changer de»?*

    1. – Tu as vu? Ils ont . . . horaire des trains.
    2. – Oui, malheureusement. Maintenant je mets plus d'une heure pour aller en ville; je dois . . . deux fois . . . train.
    3. – Tu peux me . . . dix francs?
    4. – Oui, voilà! Maintenant il faut que je me sauve. Je sors ce soir et avant, il faut que je . . . chemise.
    5. – Eh, attends! Pour aller rue de Charenton est-ce qu'il faut . . . bus?
    – Non, c'est direct.

3. *Cherchez les substantifs correspondant aux verbes suivants et faites des phrases.*

   a) se marier
   b) organiser
   c) réserver
   d) vivre
   e) dîner
   f) réaliser
   g) se comporter
   h) aider

   Exemple: Jean et Annie se sont mariés en 1976.
   La semaine prochaine je suis invitée au mariage de ma meilleure amie.

Exercices de grammaire

1. A propos de nos parents.

   Exemple: – Ma mère travaille dans un bureau. Et la tienne?
   – La mienne aussi. / La mienne travaille dans une banque. / La mienne ne travaille pas. Elle reste à la maison.

   1. Ma mère a son compte en banque à elle. Et la ...
   2. Mon père fait pas mal de choses à la maison. Et ...
   3. Il lave souvent la vaisselle. Et ...
   4. Il fait quelquefois la cuisine. Et le père de Marc? ...
   5. Mes parents savent bien s'organiser. Et ...
   6. Ils s'entendent bien. Et ceux de Marc? ...

2. Monique et Luc.

   Complétez par un adjectif possessif.

   1. Luc considère ... femme Monique comme ... égale: il respecte ... goûts, ... idées et ... décisions.
   2. Il parle de tout avec ... épouse: de ... succès et de ... soucis. C'est sympathique chez eux: ils partagent tout, ... joies et ... problèmes.
   3. Luc s'occupe très activement de ... enfants, non seulement de ... instruction, mais aussi de ... éducation.
   4. Il aide également ... femme à faire le ménage. Ainsi ... vie de famille ne pose aucun problème.
   5. Certains de ... collègues se moquent de lui, mais ... préjugés ne l'intéressent pas. Rien ne peut influencer ... attitude vis-à-vis de ... famille.
   6. Luc et Monique ont bien organisé ... ménage. Evidemment, Luc a dû changer certaines de ... habitudes, mais il ne le regrette pas. Au contraire, il trouve ... rôle au foyer tout à fait normal.

3. Si j'étais marié(e),

   a) je ferais la cuisine.
   b) je demanderais à mon mari/à ma femme de faire la vaisselle.
   c) je n'aimerais pas qu'elle/il fasse les courses, etc.

Continuez en employant les expressions suivantes:

ranger les assiettes
mettre la table
servir les boissons
ouvrir les bouteilles
passer l'aspirateur
faire les lits
nettoyer les vitres
réparer les robinets

repeindre les murs
écrire aux amis et à la famille
laver la voiture
s'occuper du jardin
nettoyer les chaussures
habiller les enfants
expliquer les devoirs aux enfants
faire manger les enfants

4. Un ménage moderne.

   Ajoutez «à», «en» ou «dans».
   1. Monique est secrétaire ... une société de produits chimiques.
   2. Après avoir passé 8 heures ... bureau, elle rentre ... maison; elle doit alors faire son ménage et s'occuper de ses enfants.
   3. Heureusement, son mari l'aide ... maison, ce qui n'était pas le cas ... France ... les générations précédentes.
   4. ... beaucoup de familles françaises, l'homme se comporte encore comme un petit sultan.
   5. Ainsi la mère de Luc s'étonne chaque fois qu'elle trouve son fils ... cuisine, ... train de faire la vaisselle. ... réalité, elle est un peu jalouse parce que son mari ne l'aidait jamais.
   6. Luc se rend parfaitement compte que, quand une femme travaille, de nombreuses difficultés entrent ... jeu. Il faut donc résoudre ... commun les problèmes de la vie de chaque jour.
   7. Il a accepté sans se plaindre son nouveau rôle ... foyer. ... effet, il ne refuse pas de faire le ménage ou de s'occuper des enfants. Au début, il a eu quelques difficultés, parce que tout cela ne s'apprend pas ... un instant.
   8. ... tout cas, il ne s'est jamais fâché ou senti «moins homme» en aidant sa femme. Au contraire, il se sent très heureux ... maison et ... sa famille.

Pat Mallet

Jacques Prévert
Déjeuner du matin

Il a mis le café
Dans la tasse
Il a mis le lait
Dans la tasse de café
Il a mis le sucre
Dans le café au lait
Avec la petite cuiller
Il a tourné
Il a bu le café au lait
Et il a reposé la tasse
Sans me parler
Il a allumé
Une cigarette
Il a fait des ronds
Avec la fumée
Il a mis les cendres
Dans le cendrier
Sans me parler
Sans me regarder
Il s'est levé
Il a mis
Son chapeau sur sa tête
Il a mis
Son manteau de pluie
Parce qu'il pleuvait
Et il est parti
Sous la pluie
Sans une parole
Sans me regarder
Et moi j'ai pris
Ma tête dans ma main
Et j'ai pleuré.

---

la cuiller (spoon) – **tourner** (*here* to stir) – **un rond** (*here* ring) – **les cendres** *f* (ash) – **une parole** (word)

7
Adjointe de direction

Une jeune femme de vingt-cinq ans, avec une bonne expérience de la publicité, nous raconte son cas:
– J'ai répondu à une petite annonce: le directeur d'une petite agence de publicité cherchait «une adjointe». Mon curriculum vitae lui a plu, j'ai été
5 convoquée. Nous nous sommes entendus sur tout, sauf sur le salaire: il m'offrait généreusement la moitié de ce que je demandais. Je me suis levée pour partir et en riant je lui ai demandé si c'était pour ça qu'il avait écrit «adjointe» et non pas «adjoint». «Bien sûr, m'a-t-il répondu franchement, une adjointe c'est tellement mieux, ça coûte deux fois moins cher qu'un
10 homme, ça abat deux fois plus de travail pour se faire pardonner d'être femme, c'est plus fidèle, moins ambitieux, ça ne risque pas de vous prendre votre place comme les jeunes cadres «dynamiques». On a tout à y gagner.»
 Le triste de l'histoire, c'est qu'il la trouvera peut-être son «adjointe»! Les femmes ne se rendent pas compte qu'en acceptant des salaires trop bas, elles
15 font de la concurrence déloyale à leurs collègues, hommes et femmes, qui voudraient obtenir le même emploi.

l'adjoint, e de direction personne dont le travail consiste à aider le directeur d'une entreprise – 3 **une annonce** information verbale ou écrite, adressée au public, par ex . . . insérer une annonce dans un journal – 4 **le curriculum vitae** l'ensemble des détails personnels d'un candidat – 5 **convoquer qn** demander à quelqu'un de se présenter à une certaine heure, à un certain endroit – 5 **s'entendre** se mettre d'accord sur qc (to agree) – 5 **sauf** excepté – 7 **la moitié** le demi – 10 **abattre** faire tomber – 10 **abattre du travail** *ici:* travailler – 11 **fidèle** personne sur qui on peut compter – 12 **un cadre** personne qui dirige des ouvriers ou des employés (boss) – 15 **la concurrence** la compétition

Questions

a) 1. Comment la jeune femme a-t-elle appris que le directeur de l'agence cherchait une adjointe?
2. Sur quel point le directeur et la jeune femme n'ont-ils pas pu se mettre d'accord? Pourquoi?
3. Pourquoi le directeur voulait-il absolument engager une femme?

b) 4. Quels renseignements le curriculum vitae doit-il contenir?
5. En quoi consiste le travail d'une adjointe de direction?
6. Pour quelles raisons beaucoup de femmes acceptent-elles des salaires trop bas?
7. La jeune femme a-t-elle eu raison de ne pas accepter cet emploi? Expliquez pourquoi.

Exercices de vocabulaire

1. *Cherchez les substantifs correspondant aux verbes suivants:*

   a) répondre
   b) chercher
   c) offrir
   d) diriger
   e) demander
   f) plaire
   g) travailler
   h) partir
   i) faire

2. *Trouvez la réponse correcte.*

   a) Un directeur vous offre un salaire trop bas.
   Est-il économe?
   généreux?
   gentil?

   b) Son adjoint veut absolument devenir directeur un jour.
   Est-il fidèle?
   curieux?
   ambitieux?

   c) La jeune femme s'est présentée à l'agence.
   Est-ce qu'elle était provoquée?
   convoquée?
   invitée?

emplois féminins

SOCIÉTÉ INDUSTRIELLE ET COMMERCIALE NIVEAU INTERNATIONAL

recherche
pour SIEGE CHAMPS-ELYSEES

SECRÉTAIRE TRILINGUE

- Langue allemande maternelle.
- Sténo allemande.
- Anglais correct.
- Français courant suffisant.

Adresser lettre manuscrite, C.V., photo et prétentions sous référence 575 à :
M. J. GAUSSIN, 104, rue de Richelieu, PARIS (2e).

HOPITAL DE SEVRES (92 HAUTS-DE-SEINE)

recrute

INFIRMIERES D.E. CONTRACTUELLES

Salaire mensuel brut : 2.827 F.

Adressez candidature à M. le Directeur, 2 et 4, rue du Parc-Cheviron - 92310 SEVRES, ou téléphonez : 626-49-82 - 027-27-39, poste 376.

---

*BANQUE MULTINATIONALE
recherche pour Paris*

secrétaire direction
bilingue Anglais

Sténo dans les 2 langues.
Expérience minimum 8 ans.
Quelques années d'expérience bancaire souhaitées.

Ecrire avec curriculum vitae photo et prétentions sous réf. 35264 à Havas Contact 156 Bd Haussmann, 75008 Paris, qui transmettra.

HAVAS CONTACT

URGENT - Industrie française, leader dans sa branche, implantée dans le NORD de la France (1 h. 30 de Paris par l'autoroute), recherche

SECRÉTAIRE - TRADUCTRICE
français-allemand

origine allemande de préférence.
Bonne rémunération, possib. de contrat à durée limitée.
Ecrire avec C.V., photo et prétentions à :
SOCOOP, 51, rue de Ponthieu, 75008 PARIS.

UNE EMPLOYÉE QUALIFIÉE DE BUREAU

possédant : — expérience problèmes du Personnel,
— le goût des responsabilités dans tâches administratives (sténodactylo indispensable).

8 h. 30 - 12 h. 30, 14 - 18 heures. - Libre le samedi.
13e mois.

Adresser lettre manuscrite avec C.V. et photo à PRISUNIC, 104, rue Pelleport, 75020 PARIS.

SIEGE IMPORTANTE SOCIÉTÉ SECTEUR SAINT-LAZARE

recherche

HOTESSE

dactylo, minimum 30 ans. - Aura la charge de :
— réception des visiteurs,
— voyages (réservations billets, voitures, hôtels),
— tenue du planning des salles de réunion, des voitures de la société, etc.
Excellente présentation et éducation, et très sérieuses références exigées.
8 h. 15/13 h. - 13 h. 45/17h. 30. Restaurant entreprise.
Ecrire avec C.V., photo et prétentions ss référ. 2.113 à CORT, 65 avenue Kléber - 75116 Paris. Discrétion.

**REVLON
PRODUITS DE BEAUTE**
recherche pour
sa DIVISION EXPORTATION

ASSISTANTE ADMINISTRATIVE

— Formation supérieure.
— Marketing ou commerce extérieur.
— Expérience de quelques années dans service exportation, de préférence dans la parfumerie.
— Bonne connaissance de l'anglais indispensable.

Adresser C.V. détaillé en indiquant prétentions et en joignant photo récente à : Direction du Personnel REVLON S.A., 42, avenue Montaigne - 75008 PARIS.

3. Personne n'est parfait. On peut être

actif	loyal	autoritaire	snob
cultivé	gai	jaloux	paresseux
franc	sérieux	bruyant	curieux
intelligent	gentil	agressif	lent

Un directeur d'agence parle de sa secrétaire avec un ami: «Je suis content parce qu'elle est active; dommage qu'elle soit un peu agressive.»

Continuez d'après l'exemple donné.

Exercices de grammaire

1. L'A. B. C. de l'employée modèle.
   1. Prendre son travail au sérieux.
   2. Avoir une bonne expérience du métier.
   3. Savoir rédiger des lettres compliquées.
   4. Travailler vite et régulièrement.
   5. Réagir vite et poliment.
   6. Recevoir les clients gentiment.
   7. Avoir bon caractère.
   8. Bien s'entendre avec ses collègues.

   a) Avant d'engager une adjointe, le directeur se renseigne sur sa façon de travailler.
   Il veut savoir si elle prend son travail au sérieux, etc.

   b) Et c'est ce qu'il a fait dans mon cas, dit la jeune femme.
   Il a téléphoné à mon patron.
   Il lui a demandé si je prenais mon travail au sérieux, etc.

   c) Il fait cela parce que c'est un homme prudent.
   Il veut que son adjointe prenne son travail au sérieux, etc.

2. Les questions du directeur.

   Il veut savoir
   1. depuis combien de temps je travaille dans la publicité.
   2. quel genre de travail je préfère.
   3. si je tape vite à la machine.
   4. quelles langues étrangères je parle.
   5. si je comprends l'américain.
   6. si j'ai déjà rédigé des lettres en anglais.
   7. pourquoi je veux changer d'agence.

a) *Vous êtes le directeur. Posez les questions.*
b) *La jeune femme a répondu à toutes ces questions.*
   Elle a dit au directeur qu'elle travaillait dans la publicité depuis plusieurs années, etc.

3. Vrai ou faux?

   Donnez votre opinion.

   Exemples:
   1. – C'est en faisant de la gymnastique qu'on reste en forme.
      – En effet. Mais on peut aussi rester en forme en se promenant beaucoup, en ne mangeant pas trop, etc.
   2. – C'est en parlant du progrès, qu'on transforme le monde.
      – Pas du tout. On transforme le monde en lançant de nouvelles idées, en agissant et en s'engageant, etc.

   De même:
   1. discuter – s'informer le mieux
   2. lire beaucoup – se cultiver
   3. construire des immeubles en béton – détruire le paysage
   4. rouler vite – provoquer des accidents
   5. suivre des cours – apprendre une langue étrangère
   6. leur donner de l'argent – aider les pays sous-développés

4. «Cherche adjointe...»

   a) *Etudiez les exemples suivants.*
   1. J'ai lu l'annonce et elle m'a paru intéressante.
      Quand j'ai lu l'annonce, elle m'a paru intéressante.
   2. J'ai vu le mot «adjointe» et j'ai été un peu surprise.
      En voyant le mot «adjointe», j'ai été un peu surprise.

   b) *Transformez les phrases suivantes d'après les exemples donnés.*
   1. J'ai rédigé ma lettre et je me suis dit que j'avais des chances.
   2. Le télégramme de l'agence est arrivé. Je n'étais pas à la maison.
   3. Je l'ai lu le soir et j'ai appris que j'étais convoquée.
   4. Je me suis rendue à l'agence et j'avais un peu peur.
   5. Le directeur m'a posé les questions habituelles et j'ai répondu franchement.
   6. Mais on a parlé du salaire et j'ai cru qu'il se moquait de moi.
   7. Je me suis levée pour partir et je lui ai demandé si c'était pour ça qu'il avait écrit «adjointe» dans son annonce et non pas «adjoint».

5. Une place au pair.

   Accordez les participes passés.
   1. En mars, j'ai enfin (reçu) la lettre que j'avais tant (attendu). La famille française à laquelle j'avais (écrit) deux mois avant s'était (décidé) à me prendre comme fille au pair.
   2. Quand j'ai (annoncé) la nouvelle à ma mère, elle a été plutôt (surpris); en effet, je ne lui en avais pas (parlé).
   3. Elle m'a d'abord (demandé) de refuser. Alors, je me suis (mis) en colère; nous nous sommes (disputé). Enfin, elle m'a (dit) oui. J'ai immédiatement (téléphoné) aux Dupont.
   4. Le lendemain matin, elle m'a (donné) de l'argent. Je suis (allé) prendre mon billet. L'après-midi, je me suis (acheté) deux robes.
   5. Le soir, j'ai (pris) le train. Après avoir (voyagé) toute la nuit, je suis (arrivé) à Paris, à la gare de l'Est. Sur le quai, une dame s'est (approché) de moi: c'était Mme Dupont qui était (venu) me chercher.
   6. Elle a (pris) une de mes valises et nous sommes (sorti) de la gare. Je l'ai (accompagné) jusqu'à sa voiture, qu'elle avait (garé) à un cinquantaine de mètres du bâtiment.
   7. Elle s'est (mis) au volant, m'a (ouvert) la porte et je suis (monté). Puis, elle a (mis) la voiture en marche, et nous sommes (parti).
   8. Nous avons (traversé) une partie de Paris; puis, elle a (arrêté) la voiture devant un grand immeuble. Je suis (descendu), et elle m'a (emmené) dans son appartement.
   9. Elle m'a (fait) asseoir. Puis, elle a (préparé) du café. Ensuite, elle m'a (fait) visiter l'appartement et m'a (montré) ma chambre.
   10. A midi, ses trois enfants sont (revenu) de l'école. Elle me les a (présenté). Ils avaient l'air gentils. Je me suis (dit) que nous allions bien nous entendre.

8 Une femme architecte

D'origine danoise, je suis mariée à un architecte français et vis en France depuis six ans. Je pensais qu'une femme architecte capable de construire des immeubles dans la banlieue de Copenhague pouvait faire la même chose à Courbevoie ou à Puteaux. C'était bien mal connaître la France.

5   Au Danemark, l'égalité des sexes est une réalité. A l'école, garçons et filles suivent les mêmes cours de couture et de cuisine. Plus tard, le mari danois ne se contente pas de faire la vaisselle le dimanche, il prépare le dîner quand sa femme est retenue au bureau. Il n'a pas peur de langer le bébé ou de surveiller la machine à laver.

Lorsque je suis devenue architecte, c'est donc sur un pied de stricte égalité que j'ai travaillé avec mes confrères hommes. Mais en France pas question d'oublier une seule seconde que je suis une femme.

Les vraies affaires, ici, se traitent entre hommes, à midi, dans les bons restaurants. Ces repas obéissent à certaines règles et il est évident que ma présence dérange. Ce n'est pas un repas d'affaires puisque je suis là et ce n'est pas tout à fait un repas mondain puisque je suis la seule femme à table. C'est un repas raté et on se croit obligé de me demander si j'ai des enfants et s'ils travaillent bien à l'école.

Il faut ajouter qu'en France, les commandes importantes sont réservées à une élite d'architectes hommes, et que les promoteurs qui voient entrer une femme architecte dans leur bureau croient à une erreur: «Ah bon, vous êtes la secrétaire de l'architecte! Il n'a pas pu venir lui-même?» Aucun ne pense sérieusement que je suis vraiment capable d'apprécier la qualité d'un béton. Poliment il fait comme s'il le croyait ... s'il est bien élevé, et à la première occasion, il traite l'affaire avec un confrère homme.

Si j'ai pu participer à quelques rares travaux de création, c'est à mon mari que je le dois. Nous avons construit ensemble un bâtiment administratif à Lyon. Notre collaboration a été totale à tous les stades des travaux mais le jour de l'inauguration, le secrétaire du ministre s'est approché de moi, et vous savez ce qu'il m'a dit? «Pardon, madame, vous connaissez l'architecte?»

---

1 **être d'origine danoise** être né au Danemark – 3 **la banlieue** la zone qui entoure une grande ville et qui en dépend économiquement – 6 **la couture** action de coudre (sewing) – 8 **être retenu au bureau** être obligé de rester au bureau plus longtemps que d'habitude – 8 **langer** (*here:* to change) – 11 **le confrère** collègue – 13 **une affaire** opération commerciale ou financière – 13 **traiter** *ici:* régler – 14 **obéir à** *ici:* suivre – 15 **dérange** *ici:* est inconvéniente – 16 **un repas mondain** (meal which is a social occasion) – 17 **raté** qui n'a pas réussi – 19 **une commande** (order) – 23 **le béton de ciment** (concrete) – 24 **bien élevé** galant et poli – 27 **devoir** (*here:* to owe)

Questions

a) 1. De qui est-il question dans ce texte?
2. Que pensait-elle à son arrivée en France?
3. Qu'est-ce qui permet de dire qu'au Danemark l'égalité des sexes est une réalité?

4. Dans quelles conditions la jeune femme travaillait-elle dans son pays d'origine?
5. Qu'est-ce qui est différent en France?
6. Comment est-ce que cette femme architecte s'est rendu compte qu'on ne la prenait pas au sérieux?

b) 7. Pourquoi est-ce que tant de femmes mariées travaillent, bien qu'elles doivent s'occuper du ménage et des enfants?
8. Certains hommes sont contre le travail féminin. Pourquoi?

A discuter

Est-ce qu'il y a des métiers «typiquement» masculins et des métiers «typiquement» féminins? Lesquels? Pourquoi?

Exercices de vocabulaire

1. *Trouvez au moins dix expressions avec le verbe «faire» et formez des phrases.*

2. Pays et nationalités: comment former les adjectifs?

– ais	– ain	– ien	– ois	– e
la Pologne	le Mexique	la Norvège	le Luxembourg	la Russie
la France	le Maroc	l'Algérie	le Danemark	la Belgique
le Portugal	l'Amérique	Israël	la Hongrie	la Yougoslavie
la Finlande	l'Afrique	le Canada	la Chine	la Tchécoslovaquie
l'Angleterre	Cuba	le Brésil	la Suède	la Bulgarie
l'Irlande		la Tunisie		
le Japon		l'Autriche		
la Hollande		l'Italie		

a) *Formez les adjectifs à l'aide du tableau:*

Exemples:

la Pologne	– polonais, e	le Luxembourg	– luxembourgeois, e
le Mexique	– mexicain, e	la Russie	– russe
la Norvège	– norvégien, ne	la Belgique	– belge

b) *Connaissez-vous des noms de nationalité formés différemment? Lesquels?*

c) *Dans quels pays est-ce qu'on parle français, anglais, espagnol, allemand, arabe?*

3. Le travail féminin en Europe.

1. Femmes et hommes actifs par rapport à la population totale.

Pays	Femmes actives	Hommes actifs
Allemagne	31%	58%
Danemark	38%	59%
Espagne	19%	57%
France	30%	55%
Pays-Bas	19%	54%
U.R.S.S.	44%	52%

a) *Commentez ce tableau en employant des pourcentages,*

Exemples: 19% des habitants des Pays-Bas sont des femmes qui travaillent.
D'après un journal hollandais, les hommes actifs représentent 54% de la population totale des Pays-Bas.

b) *en employant des fractions.*

Exemple: Près de la moitié des habitants de l'U.R.S.S. sont des femmes qui travaillent.

2. Les femmes actives

| Pays | par rapport à la | |
	population féminine	population active
Allemagne	29,4%	36,1%
Belgique	26,6%	34 %
Danemark	38,7%	41 %
France	29,3%	36,5%
Grande-Bretagne	31,4%	37 %
Italie	18,6%	26,9%

Commentez ce tableau en employant des pourcentages.

Exemples: 29,4% des Allemandes pratiquent une profession.
En Allemagne, les femmes qui travaillent représentent 36,1% de la population active.

Dans quel pays le pourcentage des femmes actives est-il le plus/moins élevé? Pourquoi, à votre avis?

Dans quels pays est-ce que moins de 30% des femmes pratiquent une profession?

les casse-tête de Bernard Myers

Lorsque le délégué hongrois veut parler au délégué tibétain, cela pose un problème d'interprètes. On peut adopter la solution ci-dessus et utiliser 18 interprètes — mais la conversation risque d'être longue. Il est possible, par contre, de se servir seulement de 4 de ces interprètes. Lesquels? (Solution en page 56).

Note : Le câble de communication peut servir dans les deux sens et peut court-circuiter autant d'interprètes que l'on veut.

4. *Complétez d'après l'exemple donné.*

des étudiants et des étudiantes
des professeurs et des . . .
des architectes et des . . .
des ouvriers et des . . .
des patrons et des . . .
des instituteurs et des . . .

des peintres et des . . .
des acteurs et des . . .
des moniteurs et des . . .
des vendeurs et des . . .
des ingénieurs et des . . .
des auteurs et des . . .

Exercices de grammaire

1. «*Quand*» ou «*si*»?
   1. . . . je me suis mariée, j'ai dit à mon mari: «. . . je vais en France avec toi, je veux continuer à travailler.»
   2. «Bien sûr, . . . tu y tiens vraiment!» m'a-t-il répondu. «Tu verras! Bien que l'on critique beaucoup la France, les conditions de travail y sont les mêmes qu'au Danemark.»
   3. J'y ai cru et je me suis dit: «. . . on te fait confiance au Danemark, pourquoi en serait-il autrement en France?»
   4. Mais . . ., pour la cinquième fois, j'ai essayé d'obtenir une commande et cela sans résultat, j'ai commencé à me faire du souci.
   5. J'ai dit à mon mari: «Tu te souviens de ce que tu m'avais dit . . . nous nous sommes mariés? . . . nous étions restés au Danemark je n'aurais pas ces ennuis.
   6. Ici, . . . je parle de questions techniques à un promoteur, il fait comme s'il s'intéressait à ce que je lui dis, mais en réalité, il ne me prend pas au sérieux.
   7. Au Danemark, . . . je proposais des plans, on les examinait, au moins!»
   8. Mon mari m'a répondu: «Je te comprends. . . . tu veux, nous allons travailler ensemble. Ce sera certainement la meilleure solution!»

2. «*Depuis*» ou «*il y a*»?
   1. Le touriste qui a visité Paris . . . une dizaine d'années sera certainement surpris de voir tous les changements qui ont eu lieu . . .
   2. Les Halles, symbole du vieux Paris, n'existent plus: elles ont été démolies . . . trois ans.
   3. On savait d'ailleurs . . . longtemps qu'un jour ou l'autre cela serait nécessaire.
   4. Les nouvelles Halles, qui se trouvent à Rungis, sont en service . . . 1969.
   5. Autre changement: . . . dix ans, on n'arrête pas de construire des tours; la tour Montparnasse, qui est haute de 200 mètres, a été terminée . . . deux ans.
   6. Dans le quartier de la Défense, les travaux, qui avaient été arrêtés . . . une dizaine d'années, ont repris . . . quelque temps.
   7. Comme la plupart des Parisiens, de nombreux touristes regrettent le Paris d' . . . dix ans.

Solution du «casse-tête» de la page 55
Les interprètes 12, 4, 14 et 13: Hongrois; Hongrois-Anglais; Anglais-Portugais; Portugais-Pakistanais; Pakistanais-Tibétain.

9 Police générale, réception des étrangers

Huit heures trente. Devant l'entrée de la préfecture de police de Paris. Un homme. Seul. Il porte des vêtements sombres, plutôt mal coupés. Il semble hésiter. Il se décide enfin. Il se dirige vers l'agent de police qui fait les cent pas sur le trottoir.
5 – Pardon, monsieur l'agent, la préfecture, s'il vous plaît?
 – La préfecture? Elle est devant vous. Savez pas lire?
  L'homme aux vêtements sombres, c'est un travailleur étranger, un Portugais. Il vient d'arriver de son pays natal.
  Il habite, avec son cousin et la famille de celui-ci, un vieil appartement de
10 deux pièces à Belleville. C'est aussi par son cousin qu'il a réussi à trouver du travail. Il est venu à la préfecture de police parce que, pour vivre en France, il a besoin d'une carte de séjour et d'une carte de travail.
  Il traverse maintenant la grande cour carrée qui mène aux différents bureaux. Un panneau: «Accueil». Il entre. Dans la salle, une foule nombreuse va et
15 vient. Ce sont, comme lui, des travailleurs immigrés qui sont venus chercher leurs cartes. Un comptoir. Au-dessus du comptoir, un écriteau: «Accueil immigrants». Un guichet. Derrière le guichet, une jeune femme, qui donne l'impression de ne jamais avoir appris à sourire.
 – Votre nom?
20 – Peres, Alfonso. C'est sur le passeport.
 – Z'habitez où?
 – Pardon?
 – Je demande où vous habitez.
 – En France. A Belleville.
25 – Vous avez un emploi?
 – Un emploi?
 – Oui, un emploi, du travail, quoi!
 – Si, mademoiselle, j'ai du travail.

Préfecture de la police, Paris, Ile de la Cité.

— Donnez-moi votre certificat.
30 — Quel certificat?
— Celui de votre employeur.
Peres tend un papier.
— Mais c'est pas ça que je vous demande!
Peres, qui ne comprend pas très bien le français, est complètement perdu.
35 Il donne à la jeune femme tous les documents qu'il a apportés. Celle-ci les regarde.
— Mais, votre dossier n'est pas complet. Et la visite médicale? Vous l'avez passée, la visite médicale? Non? Alors, vous devez voir la liste des médecins assermentés.
40 La liste est affichée au mur: Peres s'en va sans la consulter. Il reviendra samedi après-midi avec un compatriote qui connaît mieux le français. ....
Mais le samedi après-midi, les bureaux de la préfecture de police sont fermés.

1 **la préfecture de police** bâtiment où se trouvent les bureaux de police (voir: sur la photo) – 2 **plutôt** (rather) – 3 **il se dirige** il va – 3 **faire les cent pas** ce que l'on fait sur le quai d'une gare en attendant le train – 4 **le trottoir** chemin élevé en bordure de la rue – 6 **savez pas lire?** *très fam* vous ne savez pas lire? – 8 **son pays natal** le pays où il est né – 12 **une carte de séjour** permis autorisant à rester un certain temps dans le pays – 13 **carrée** = ☐ – **mener** conduire – 14 **un panneau** *ici:* inscription publique sur une sorte de petit tableau – 14 **l'accueil** *m* réception – 15 **les travailleurs immigrés** *ici:* les immigrants qui travaillent en France – 16 **un écriteau** *ici:* similaire à un panneau – 21 **Z'habitez où?** *très fam:* vous habitez où? – 32 **tendre** *ici:* présenter – 38 **passer une visite médicale** se faire examiner par un médecin – 39 **assermenté** *ici:* recommendé – 40 **affichée** *ici:* exposée sur

Questions

a) 1. Quel est le personnage principal de ce texte?
   2. Pourquoi est-il venu à la préfecture de police?
   3. Quelle impression donne l'employée à qui il s'adresse?
   4. Pourquoi est-ce que Peres sera obligé de revenir?

b) 5. Pourquoi est-ce que la police exige tant de certificats des étrangers?
   6. Que savez-vous de la situation des travailleurs étrangers? Qu'en pensez-vous?

A discuter

1. *Une employée de la Sécurité sociale:*

– Ne me parlez surtout pas des étrangers! Ils nous font perdre un temps fou. Qu'est-ce que vous voulez! Il faut tout leur expliquer et ils ne comprennent pas la moitié de ce qu'on leur dit. En plus, il leur manque toujours au moins un document. Ce n'est quand même pas de notre faute s'ils ne savent pas le français! Ils n'ont qu'à se débrouiller!

2. *La gardienne d'un immeuble:*

– On a des immigrés maintenant, dans la maison, une famille de Portugais. Depuis qu'ils sont là, tout le monde se plaint: leurs enfants sont bruyants, elle, quand elle fait la cuisine, ça sent l'huile dans tout l'escalier, lui, on sait pas exactement ce qu'il fait. Le samedi, ils reçoivent tous les Portugais du quartier. C'est pas qu'ils soient méchants, ça non. Mais quoi, ils sont pas comme nous. Et puis, on sait jamais ce qu'ils pensent.

Que pensez-vous de ces deux opinions?

Quelles sont les difficultés que les travailleurs étrangers rencontrent dans votre pays?

Exercices de vocabulaire

1. a) Dans la salle du service d'accueil, il y a, au-dessus du comptoir,
   un poteau
   un écriteau
   un écran

   b) La jeune femme demande à Peres le certificat que lui a fait son
   employé
   instituteur
   employeur

   c) La liste des médecins assermentés est affichée au mur, mais Peres s'en va sans la
   confirmer
   conseiller
   consulter

2. *«Savoir» ou «pouvoir»?*
   1. M. López a des difficultés à vivre en France parce qu'il ne . . . pas parler français.
   2. Son ami ne . . . pas l'aider parce qu'il ne parle pas français non plus.
   3. A la préfecture, López est complètement perdu. «Vous ne . . . pas lire?» lui dit une employée en lui montrant un écriteau.
   4. Quand il se présente à M. Dubois, celui-ci lui demande: «Quand . . . -vous commencer?» «Demain», répond M. López.
   5. Le lendemain, son patron lui demande, s'il . . . conduire. Il dit que oui.
   6. Mme López ne travaille pas; comme ça, elle . . . mieux s'occuper de ses enfants.

3. a) *Quel document est-ce qu'il faut*
   1. pour entrer en France?
   2. pour avoir le droit de vivre en France?
   3. pour avoir le droit de travailler en France?
   4. pour prouver qu'on a du travail?
   5. pour prouver qu'on est en bonne santé? Un certificat . . .

   b) *Comment appelle-t-on ces documents en anglais?*

4. *Cherchez dans le texte l'expression correspondante.*
   1. Il *va* vers l'agent de police.
   2. L'homme *qui porte des* vêtements sombres est un Portugais.
   3. C'est *son cousin qui l'a aidé* à trouver du travail.
   4. Il *lui faut* une carte de séjour.
   5. Elle demande à Peres s'il a *du travail*.

Exercices de grammaire

1. A la préfecture de police.

   Transformez les phrases suivantes d'après l'exemple donné.

   Montrez-moi vos documents, s'il vous plaît...
   Alors, vous me les montrez ces documents?
   1. Donnez-moi votre passeport, s'il vous plaît.
   2. Remplissez cette fiche, s'il vous plaît.
   3. Ecrivez votre adresse, s'il vous plaît.
   4. Signez ce papier, s'il vous plaît.
   5. Rendez-moi mon stylo, s'il vous plaît.

2. On peut s'exprimer de différentes façons.

   a) *Etudiez le début du texte (1–18) et transformez-le en ajoutant des verbes.*

   b) *La jeune femme n'est pas très sympathique. Comment est-ce qu'elle poserait les questions si elle était plus polie?* (19–39)

3. Drôle d'accueil.

   a) *Lisez.*
   1. Il est huit heures trente. Les bureaux de la préfecture de police viennent d'ouvrir.
   2. Un homme, qui porte des vêtements sombres, se trouve devant l'entrée. Il semble hésiter.
   3. Enfin, il se dirige vers l'agent de police qui fait les cent pas sur le trottoir, et lui demande où est la préfecture.
   4. Celui-ci lui répond d'une façon très impolie.
   5. Puis le Portugais traverse la grande cour carrée qui mène au service d'accueil. Il entre dans la salle. Il y a beaucoup de monde.
   6. Il se dirige vers un guichet derrière lequel se trouve une jeune femme, qui ne paraît pas très sympathique.
   7. Elle le regarde à peine et lui pose des questions qu'il ne comprend pas bien.
   8. Comme il est complètement perdu, Peres donne tous les documents qu'il a apportés.
   9. La jeune femme lui rend son dossier et lui dit de consulter la liste des médecins assermentés.
   10. Découragé, l'étranger part en se disant qu'il reviendra un autre jour avec un compatriote.

   b) *Racontez l'histoire au passé.*
   c) *Ecrivez l'histoire en employant le passé simple.*

Salvatore Adamo
Mon pays

C'est le plus beau pays sur terre
Ceux qui l'ont quitté le reconnaîtront
Fleurs de soleil, fleurs de misère
S'y marient en bouquet de chansons

C'est le pays dont me parlait mon père
Lorsque cœur gros il me montrait
Un grain de sable sur un planisphère
Qu'une seule larme noyait

Mon pays tout petit, petit
J'ai gardé ta photo jaunie
Je sais bien . . . t'es pas sur la lune
Me tiens pas rancune
C'est la vie . . .
L'océan pose ses coquillages
Au hasard des rivages
Comme la vie . . .
Moi la vie m'a posé ici
On est pas trop mal
A Paris.

lorsque (when) – **j'ai le cœur gros** (I am very unhappy, my heart is heavy) – **un planisphère** (map of the world) – **une larme** (tear) – **noyer** (to drown) – **me tiens pas rancune** (don't be cross with me) – **un coquillage** (shellfish, e.g. cockle) – **au hasard des rivages** (at random on the shores)

10
Un Japonais à Paris

Ce jour-là, dans un autobus parisien, il y avait un Japonais. Un petit Japonais bien propre, avec une belle chemise blanche en nylon, un beau costume bleu marine, un bel imperméable beige, et, autour du cou, un bel appareil photo japonais. Il était monté à l'Opéra, avait poinçonné son ticket dans l'appareil
5 placé à côté du conducteur et, assis sur la banquette, il regardait Paris à travers la vitre de l'autobus.

A l'Etoile, un contrôleur monta. Il avait l'air pressé et semblait se prendre très au sérieux.

— Tickets, s'il vous plaît.
10 Notre Japonais cherche son ticket, puis le donne au contrôleur. Celui-ci l'examine, le tourne et le retourne, avec un mélange de dégoût et de triomphe.

— Trois sections. Un seul ticket. Vingt francs d'amende.

Le Japonais prend un air étonné, mais il attend, patient.

— Vingt francs tout de suite. Amende! crie le contrôleur en agitant un petit
15 papier sous le nez du voyageur.

Rien, toujours rien, et toujours ce sourire. Alors, c'est l'explosion:

— Vous, faire semblant pas comprendre? Moi, contrôleur! Vous, amende. Si pas payer, prison!

Cette fois, le Japonais prend peur. Il se met à pousser de petits cris. Il essaie l'anglais:

— I'm not a student, I'm a tourist.

Est-ce qu'on lui a dit qu'à Paris, les étudiants n'ont pas toujours bonne réputation?

Il se tourne ensuite vers ses voisins pour demander des explications, mais ne rencontre que des visages de bois ou des regards qui se détournent. C'est alors qu'au fond de l'autobus, un voyageur se lève: trente ans environ, bien habillé, homme d'affaires sans doute, avec sa serviette noire. Il ouvre son portefeuille et donne au contrôleur deux billets de dix francs:

— Voilà et fichez-lui la paix. Vous voyez bien qu'il ne comprend pas.

Le contrôleur hausse les épaules, prend l'argent et donne le petit papier au Japonais, en murmurant: «Ces gens qui ont trop d'argent... quel idiot!... il ferait mieux de s'occuper de ce qui le regarde...» Puis, il descend au premier arrêt.

Que se passa-t-il alors dans l'autobus?

Les voyageurs, qui jusque-là avaient fait semblant de ne rien voir et de ne rien entendre, laissèrent tout à coup éclater leur colère.

Mais contre qui étaient-ils en colère? Le contrôleur? Non. Le Japonais? Non. C'était contre l'homme d'affaires, qui, pour eux, s'était comporté sans doute d'une façon trop humaine:

«Pour qui se prend-il, celui-là? D'abord, ces étrangers, ils ne comprennent rien. S'ils ne savent pas le français, ils n'ont qu'à rester chez eux. Ils sont bien contents de venir faire des affaires chez nous. En tout cas, le Japonais, il en a bien profité de l'histoire! Vingt francs, vous vous rendez compte!»

---

2 **bien** très – 2 **propre** le contraire de sale – 2 **bleu marine** bleu foncé comme l'uniforme de la marine – 3 **un imperméable** pardessus utilisé contre la pluie – 3 **la cou** partie du corps entre la tête et le tronc – 4 **un appareil photo** un appareil pour prendre des photos – 5 **la banquette** siège de voiture – 6 **à travers** par – 6 **la vitre** le verre de la fenêtre – 7 **un contrôleur** un inspecteur – 11 **un mélange** *ici:* les deux ensemble – 11 **le dégout** la répugnance – 12 **une amende** somme d'argent qu'on doit payer quand on fait une faute – 17 **faire semblant de** faire comme si – 25 **un visage de bois** visage sans expression – 25 **détourner le regard** regarder dans une autre direction – 26 **au fond de** à l'arrière de – 26 **environ** à peu près – 29 **ficher la paix à qn** *fam* laisser qn tranquille – 30 **hausser les épaules** lever les épaules – 36 **éclater** exposer – 38 **se comporter** avoir une certaine attitude (to behave)

Questions

a) 1. Comment l'auteur nous présente-t-il le touriste japonais?
    2. Qu'est-ce que le Japonais avait fait après être monté dans le bus, à l'Opéra?
    3. A quel arrêt est-ce que le contrôleur est monté?
    4. Quelle erreur est-ce que le Japonais a faite?
    5. Pourquoi est-ce que le Japonais n'a pas payé les 20 F tout de suite?
    6. Comment est-ce que le contrôleur réagit alors?
    7. Comment est-ce que le Japonais essaie de s'en tirer?
    8. Comment réagissent les autres voyageurs?
    9. Un voyageur aide le Japonais et lui paie son amende. Quelle est alors la réaction du contrôleur et des autres voyageurs?

b) 10. Que pensez-vous de la façon dont le contrôleur s'est comporté?
   11. Pourquoi est-ce que l'homme d'affaires a aidé le Japonais?
   12. Qu'est-ce que vous auriez fait si vous vous étiez trouvé dans cet autobus?
   13. Est-ce qu'à votre avis, il est bon de parler à un étranger en n'employant que des infinitifs?

Exercices de vocabulaire

1. *Comment ces phrases sont-elles exprimées dans le texte?*
    1. Il semblait être pressé.
    2. Il semblait croire qu'il était un homme très important.
    3. A ce moment-là, le contrôleur se met vraiment en colère.
    4. Il vaudrait mieux qu'il s'occupe de ses affaires.

2. *Expliquez.*

    a) un imperméable   c) une vitre   e) un portefeuille
    b) une banquette   d) un contrôleur   f) un étranger

3. *Prononcez-vous* [o] *ou* [ɔ]?

Japonais	notre	au
beau	étonné	d'abord
propre	épaule	idiot
costume	trop	hausser
opéra	occuper	profiter
côté	colère	homme

    [o] *s'écrit de différentes façons. Faites une liste et donnez d'autres exemples.*

Exercices de grammaire

1. A la terrasse d'un café.

   Accordez les adjectifs.
   1. – En voilà une (joli) fille!
      – La fille (roux), avec la jupe (long) et le corsage (vert)? Oui, elle est bien. Elle est sûrement (parisien)!
      – Oh, ce n'est pas (sûr). Elle est peut-être (allemand) ou (anglais).
   2. – Regarde la (petit) blonde! Elle n'a vraiment pas peur d'être (ridicule) avec ce (drôle) de chapeau à (large) bords et ce (vieux) imperméable.
      – Mais elle est (fou) de traverser l'avenue à cet endroit! C'est terriblement (dangereux)!
   3. – Quel (beau) homme! Qu'est-ce qu'il est (bronzé)!
      – La fille qui est avec lui, est (beau) aussi. Tu ne trouves pas?
      – Oui, elle est très (élégant) et en même temps très (naturel). Mais elle est un peu trop (grand)!
      – Moi, je les trouve extrêmement (chic), tous les deux!
   4. – Regarde ce groupe de touristes (japonais) avec leurs appareils photo (tout neuf). Ils sont (amusant), je trouve.
   5. – Au fait, tu as vu la fille (brun), (assis) à ta gauche?
      – Laquelle? Celle qui a les cheveux (long), et qui est en train de lire? Ce doit être une histoire (passionnant): depuis qu'on est là, elle n'a pas levé la tête une (seul) fois.
   6. – En tout cas, ici, on voit (tout) sortes de gens. C'est vraiment un spectacle (intéressant).
      – C'est vrai. Je pourrais rester des heures (entier) à regarder passer les gens.

2. La traversée de Paris en Cityrama.

   Accordez les adjectifs et mettez-les à leur place.
   1. La (meilleur) façon de visiter Paris, c'est de prendre le Cityrama. C'est un autocar à (panoramique) vue qui permet aux (curieux) touristes de faire un (très intéressant) circuit dans la capitale.
   2. Si vous le prenez, vous visiterez le (historique) Paris et le (moderne) Paris. Le Cityrama passe devant les (plus caractéristique) monuments; il s'arrête sur les (plus beau) places. On peut alors prendre de (nombreux) photos.
   3. Malheureusement, il ne peut pas passer par les (petit, étroit) rues des (vieux) quartiers. Ces (vieux, si pittoresque) rues, vous devrez les parcourir à pied.
   4. Vous verrez également les (haut, tout neuf) tours de béton du quartier Maine-Montparnasse. Vous n'aimerez sans doute pas ces (grand, laid) bâtiments. Mais sachez que les Parisiens eux-mêmes ne les trouvent pas beaux.

– On aura tout intérêt à se familiariser avec la langue du pays.

3. *Mettez au passé les verbes du texte qui sont au présent historique (lignes 10 à 33).*

4. Révision des verbes.

   Mettez les verbes suivants aux formes indiquées.

acheter	se lever	emmener
espérer	jeter	se rappeler
peser	appeler	répéter

Indicatif présent			Passé composé	je...
Imparfait		je :...		
		il...		il...
Futur		nous...	Passé simple	
Subjonctif présent		ils....		ils...
Conditionnel				

11 *Les gaffes à ne pas faire à l'étranger*

N'oublions jamais, quand nous sommes en vacances chez les autres, que nous sommes des invités et que, par conséquent, nous devons respecter les habitudes locales. Il faut être romain à Rome et chinois en Chine si l'on ne veut pas blesser ses hôtes ou se rendre ridicule.
Lisez les observations suivantes, mais ne les prenez pas trop au sérieux.

En Allemagne

N'arrivez jamais en retard à un rendez-vous.

A table, attendez pour boire que votre hôte ait levé son verre en disant: «Prost!»

Surtout, ne coupez jamais une pomme de terre avec un couteau et ne fumez pas avant le dessert.

Evitez le sujet délicat du nazisme. La supergaffe serait de demander à un homme de plus de cinquante ans où il a si bien appris à parler le français.

A Munich, ne vous mettez pas à rire si vous rencontrez un avocat ou un homme d'affaires, une grosse serviette noire sous le bras, en culotte courte et chapeau tyrolien. C'est le costume national bavarois.

En Angleterre

Habituez-vous à la grande réserve, et à la froideur des Anglais. Aucun Anglais ne vous adressera la parole si vous ne lui avez pas été présenté, à moins qu'il ne soit sur un bateau en train de couler. Le «shake-hand» est exclusivement réservé aux cérémonies.

Il est interdit de parler de sa santé. Il est très déplacé de poser ses mains sur la table, pendant un repas. Dans un dîner, s'il y a un feu de bois, vous n'avez le droit d'y toucher que si vous êtes chez des gens que vous connaissez depuis sept ans.

En Ecosse

N'appelez pas «scotch» les Ecossais. L'habitant de l'Ecosse est un «scot» et sa boisson préférée le whisky.

Et surtout, n'oubliez pas que c'est l'Ecosse qui a inventé le golf, le porridge, le whisky et, après l'incendie d'un port, le saumon fumé.

Prenez un air grave le dimanche, où la vie s'arrête totalement.

En Italie

A table, ne coupez jamais les pâtes avec un couteau; tournez-les autour de votre fourchette. S'aider d'une cuillère peut être pardonné à un touriste.

Si vous parlez au pape, ne lui dites pas «Mon Pape», mais «Très Saint-Père» ou «Votre Sainteté». N'oubliez pas d'appeler «Monsignore» tous les prêtres que vous rencontrerez.

N'hésitez pas à dire qu'un bébé est très beau, même si vous le trouvez parfaitement laid. En Italie, les «bambini» sont des petits rois.

Au Portugal

Ne riez pas devant le suremploi des hypersuperlatifs désignant des personnes: monsieur, madame deviennent au Portugal: «Votre Grâce», «Excellence», «Excellentissime».

Au restaurant, peler soi-même une orange est du dernier vulgaire, c'est au garçon de le faire.

Evitez les remarques racistes; tous les Portugais ont au moins un parent navigateur qui épousa une Noire ou une Indienne.

Défense aux hommes de faire la cour aux femmes. C'est très dangereux.

Ne téléphonez jamais plus tôt qu'onze heures du matin. A domicile, ce serait grossier; au bureau, il n'y a personne.

---

faire une gaffe faire une erreur maladroite ou indiscrète – 4 **blesser** offenser – 4 **l'hôte** *m* *ici:* personne qui offre l'hospitalité – 19 **se mettre à** commencer à – 20 **un avocat** celui qui défend en cour de justice – 21 **un homme d'affaires** un homme engagé dans les transactions et le commerce – 22 **une culotte courte** (short trousers) – 24 **bavarois** de Bavière – 28 **adresser la parole à qn** parler à qn – 30 **à moins que. . . ne** excepté dans le cas où – 31 **couler** (*here:* go down) – 34 **il est interdit** il n'est pas permis – 34 **la santé** la condition physique (ou mentale) d'une personne – 35 **il est déplacé** il n'est pas acceptable, c'est un manque de politesse – 44 **sa boisson préférée** ce qu'il préfère boire – 48 **un incendie** grand feu – 49 **le saumon fumé** (smoked salmon) – 53 **les pâtes** les spaghetti etc. – 58 **le pape** chef de l'Eglise catholique – 62 **un prêtre** celui qui dit la messe – 69 **désigner** (to designate) – 73 **peler une orange** en enlever la peau – 74 **du dernier vulgaire** de la vulgarité extrême – 77 **un parent** *ici:* une personne antécédente dans la famille, un ancêtre – 78 **épouser qn** se marier avec qn – 79 **les Indiens, iennes** *ici:* premiers habitants de l'Amérique du Sud – 80 **défense de** il est interdit de, il est défendu de – 84 **à domicile** à la maison – 85 **grossier, ère** très déplacé, manque de considération et politesse

Questions

a) 1. Qu'est-ce qu'il faut absolument respecter quand on se trouve dans un pays étranger? Pourquoi?
2. Qu'est-ce qui peut surprendre les étrangers quand ils visitent l'Allemagne?
3. A quoi est-ce qu'on remarque la grande réserve des Anglais?
4. Qu'est-ce qu'il faut savoir sur les Ecossais?
5. Qu'est-ce qu'il faut absolument éviter de faire en Italie?
6. Qu'est-ce qui peut étonner les touristes au Portugal?

b) 7. Relisez ce qu'on dit des Allemands. Qu'est-ce qui vous paraît juste? Expliquez.
8. Relisez le paragraphe concernant les Anglais. Quelles informations utiles est-ce qu'il contient? Qu'est-ce qui vous paraît exagéré?
9. Analysez de la même façon les paragraphes qui concernent l'Italie et le Portugal.
10. Remplacez chaque observation qui est 'tirée par les cheveux' par une plus vraisemblable.

Exercices de vocabulaire

1. a) *Cherchez dans le texte les mots concernant les repas.*
   b) *Complétez la liste ainsi obtenue.*
   c) *Vous invitez des amis à dîner. Que devez-vous faire avant qu'ils arrivent?*

2. *Trouvez le contraire des mots suivants:*
   a) avant; b) interdire qc; c) la vie; d) beau; e) ne... jamais; f) tôt.

3. *Cherchez dans le texte l'expression correspondante.*
   1. Les gaffes *qu'on ne doit pas* faire à l'étranger.
   2. *Ne buvez pas avant que* votre hôte ait levé son verre.
   3. *Ne parlez pas* du nazisme.
   4. Aucun Anglais *ne vous parlera* si vous ne lui avez pas été présenté.
   5. *On ne doit pas* parler de sa santé.
   6. *C'est le garçon qui doit* le faire.
   7. Ne téléphonez jamais *avant* onze heures.

4. *Dans chaque groupe un mot n'est pas à sa place. Cherchez-le.*

   a) un avocat – un commissariat – un homme d'affaires – un architecte
   b) italien – anglais – bavarois – suédois – portugais
   c) par conséquent – ainsi – surtout – donc
   d) une culotte courte – un pantalon – une jupe – une couverture
   e) impoli – déplacé – prudent – grossier

Exercices de grammaire

1. Trois jours à Paris.
   Jean a décidé de passer trois jours à Paris. Avant de partir, il demande des conseils à un copain qui connaît bien la capitale.
   Mettez à l'impératif les verbes qui sont entre parenthèses.

   Jean: J'ai envie de tout voir. Par quoi faut-il commencer, à ton avis?
   Pierre: (Visiter) d'abord les églises, Notre-Dame par exemple, ou la Madeleine.
   Jean: Et ensuite, je peux peut-être monter à la tour Eiffel?
   Pierre: (Y monter). Tu verras, du troisième étage, on peut admirer tout Paris.
   Jean: Mais comment visiter la ville sans se fatiguer? Tu as une idée, toi?
   Pierre: Bien sûr. (Prendre) le bateau-mouche et (faire) la promenade sur la Seine. C'est sensationnel!
   Jean: D'accord! Et le Sacré-Cœur?
   Pierre: (Y aller) si tu veux, mais ce n'est pas terrible! (Se promener) plutôt dans les petites rues de Montmartre et (s'amuser) à regarder les peintres, place du Tertre.
   Jean: Qu'est-ce que je peux voir encore?
   Pierre: Voyons . . . (Ne pas aller) au musée du Louvre. Tu n'as pas assez de temps. (Aller) plutôt sur les Champs-Elysées et (s'asseoir) à la terrasse d'un café. C'est amusant de regarder passer les gens.
   Jean: Et le soir?
   Pierre: Le soir? Ecoute, en arrivant (s'acheter) Pariscope. Tu y trouveras les adresses des principaux restaurants et le calendrier des spectacles.
   Jean: Je crois que je ne vais pas m'ennuyer!
   Pierre: Certainement pas . . . Au fait, (se reposer) bien avant de partir. Paris, c'est très fatigant!!

2. Départ en vacances.

   Madame, mademoiselle, monsieur, vous allez bientôt partir en vacances. Nous vous conseillons d(e)

   1. aller à votre garage habituel.
   2. faire vérifier votre voiture.
   3. essayer de passer une bonne nuit.
   4. ne pas surcharger votre voiture.

71

5. ne pas oublier d'attacher votre ceinture de sécurité.
6. ne pas rouler trop vite.
7. vous arrêter de temps en temps.
8. ne pas boire d'alcool.
9. faire attention aux conducteurs du dimanche.

Répétez ces conseils en employant l'impératif.

3. Ah! ces Anglais...!

a) *Etudiez les phrases suivantes:*

Un Anglais n'adressera jamais la parole à quelqu'un qui ne lui a pas été présenté. Exception: il est sur un bateau en train de couler.
Un Anglais n'adressera jamais la parole à quelqu'un qui ne lui a pas été présenté à moins qu'il ne soit sur un bateau en train de couler.

b) *Reliez les phrases suivantes d'après l'exemple donné.*

1. Il ne faut pas serrer la main de quelqu'un qu'on vous présente. Exception: vous assistez à une cérémonie.
2. A une soirée, s'il y a un feu de bois, n'y touchez pas. Exception: vous connaissez vos hôtes depuis 7 ans.
3. Le dimanche, l'Anglais porte ses plus vieux vêtements. Exception: il est invité par la reine d'Angleterre.
4. Les Anglais parlent toujours du temps qu'il fait. Exception: la veille, ils ont battu les Français en rugby.

En Angleterre, il n'y a pas de pique-nique sans thé. Il n'y a pas d'exception.

Les gaffes à ne pas commettre en France!

N'arrivez surtout pas à l'heure à une soirée, c'est très impoli!
N'offrez pas d'œillets à la maîtresse de maison; les œillets portent malheur!
A table, ne coupez pas le pain avec un couteau.
N'oubliez pas de louer la bonne cuisine française, ses vins et ses fromages!
Dans une discussion, ne critiquez jamais Napoléon ou Jeanne d'Arc. Et si vous voulez faire plaisir à vos hôtes, louez la clarté, la logique et la beauté de la langue française! (On vous réinvitera).

à l'heure (on time) – **une soirée** (evening party, at-home) – **un œillet** (carnation) – **le malheur** (bad luck) – **louer** (to praise) – **la cuisine** (cooking) – **la clarté** (clarity)

12 *Le Transsibérien volant*

La ligne aérienne Paris–Tokyo par la Sibérie fut mise en service en 1970, à l'occasion de l'Exposition Universelle d'Osaka. Elle était devenue indispensable. Avant, il fallait un mois pour se rendre par bateau de Marseille à Yokohama et le voyage Paris–Tokyo via Saigon par avion à hélices durait
5 38 heures.
   Depuis 1970, un magnifique avion à réaction, – un Boeing 707 –, transporte en 13 heures plus de 130 passagers de Paris à Tokyo. Il fait escale à Moscou. Dans l'autre sens, il met une heure de plus. «Déjeuner à Tokyo, dîner à Paris le même jour»: c'est le slogan du Transsibérien par la voie des
10 airs.
   Au cours de ces dernières années, il y a eu une augmentation importante du trafic aérien entre les deux pays, car le nombre des passagers a beaucoup **augmenté**.

Extrême-Orient

Tokyo (via Sibérie) *Tokyo (via Siberia)*

15 Jan — 31 Mar		[1]	[3]	[4]	[6]	[7]	TU±	Code
		SU 575 IL62 F/Y	JL 440 DC8 F/Y	AF 270 B707 F/Y	SU 575 IL62 F/Y	AF 270 B707 F/Y	JL 440 DC8 F/Y	
Paris (M) Charles de Gaulle	dp		1300	1135		1135	1300	+1	PAR
Orly-Sud	dp	1155			1155				
Moskva Cheremetievo	ar	1725	1840	1710	1725	1710	1840	+3	MOW
	dp	1855	1950	1820	1855	1820	1950		
Tokyo	ar	1040 [2]	1120 [4]	0950 [6]	1040 [7]	0950 [1]	1120 [1]	+9	TYO

15 Jan — 31 Mar		[1]	[2]	[5]	[6]	[7]	TU±	Code
		AF 269 B707 F/Y	JL 441 DC8 F/Y	SU 576 IL62 F/Y	AF 269 B707 F/Y	JL 441 DC8 F/Y	SU 576 IL62 F/Y	
Tokyo	dp	1220	1100	1300	1220	1100	1300	+9	TYO
Moskva Cheremetievo	ar	1640	1515	1730	1640	1515	1730	+3	MOW
	dp	1750	1620	1850	1750	1620	1850		
Paris (M) Orly-Sud	ar		1805 [2]			1805 [6]		+1	PAR
Charles de Gaulle	ar	1930 [1]		2040 [5]	1930 [6]		2040 [7]		

Ce qui rend ce voyage particulièrement intéressant, c'est la beauté et la nouveauté du parcours: la découverte d'un monde inconnu – la Sibérie – et l'escale dans la capitale de l'U.R.S.S.

Décollant de Tokyo un peu avant midi, l'appareil laisse à sa droite le Japon, passe au-dessus de Vladivostock, puis se dirige vers l'ouest. Pendant tout le parcours, il suit une route qui passe au nord du chemin de fer transsibérien et, par conséquent, des régions les plus développées du pays.

Après avoir survolé des montagnes, on découvre un fleuve qui, même vu de 9000 m d'altitude, semble gigantesque et sauvage. C'est le fleuve «Amour» que les Chinois et les Japonais appellent le «Dragon noir». Puis, jusqu'à

DÉPART
4 niveaux de parking attendent votre voiture à l'intérieur même de l'aéroport.

L'un des 18 ascenseurs vous conduit en quelques secondes au niveau départ.

Nous avons 50 «banques» d'enregistrement. Pour vous faire encore gagner du temps.

Un «pont» équipé d'un tapis roulant vous dépose en quelques secondes au niveau «transfert» où sont groupées les boutiques hors taxes.

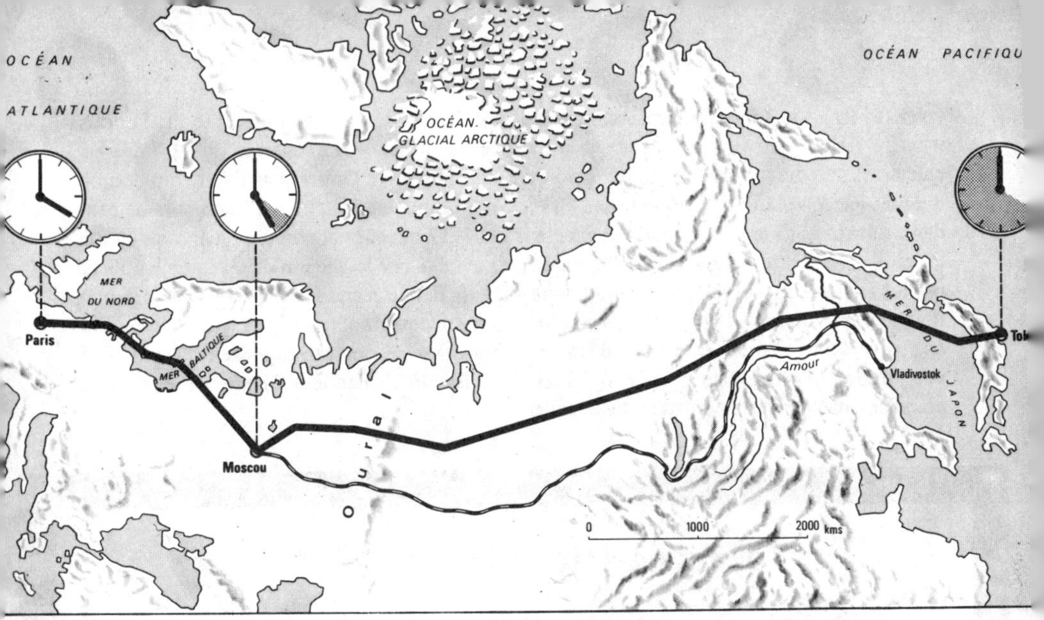

l'Oural, ce n'est qu'une suite de paysages grandioses: déserts de montagnes
et de forêts que parcourent en grand nombre des rivières et des fleuves qui,
tous, se dirigent vers le Grand Nord, cette terre sans routes, sans aucune
trace des hommes. Pour survoler une terre vivante et habitée, il faut attendre
la Russie d'Europe. Bientôt une récompense nous est offerte: les coupoles
d'or de Moscou. Puis on repart.

Après être passé au-dessus de la mer Baltique, du Danemark, des Pays-Bas
et de la Belgique, l'avion atterrit à l'aéroport Charles-de-Gaulle. Il est
20 heures: il est temps d'aller dîner. La promesse du slogan a donc été
tenue.

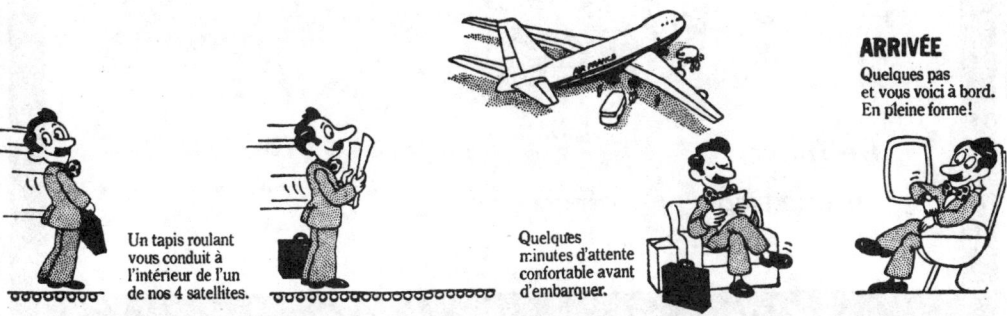

ARRIVÉE
Quelques pas
et vous voici à bord.
En pleine forme!

Un tapis roulant
vous conduit à
l'intérieur de l'un
de nos 4 satellites.

Quelques
minutes d'attente
confortable avant
d'embarquer.

voler (to fly) – **le Transsibérien volant** (the flying Transsiberian, as opposed to the famous train) – 3 **se rendre** aller, voyager – 4 **une hélice** (propeller) – 6 **à réaction** (jet) – 7 **une escale** arrêt au cours d'un voyage par avion ou par bateau – 8 **l'autre sens** l'autre direction – 8 **il met** *ici:* le vol dure – 9 **la voie des airs** *ici:* par le moyen des airs – 11 **au cours de** pendant, durant – 15 **le parcours** le voyage, le trajet – 17 **décoller** action d'un avion qui quitte le sol au moment du départ – 17 **l'appareil** *ici:* avion – 19 **le chemin de fer** la voie utilisée par les trains – 21 **survoler** voler au-dessus – 21 **un fleuve** grande rivière – 22 **sauvage** non touché par la main de l'homme – 24 **une suite** une succession, une série de – 25 **parcourent** *ici:* traversent – 26 **le Grand Nord** (the Far North) – 28 **une récompense** (reward) – 28 **une coupole d'or** (golden cupola) – 30 **les Pays-Bas** la Hollande – 31 **atterrir** se poser à nouveau sur la terre, le contraire de 'décoller'

les casse-tête de Bernard Myers

De l'hiver au printemps

Passez de l'hiver (rive sans fleurs) au printemps (rive fleurie) en moins de quatre heures. (C'est-à-dire, il faut qu'il y ait moins de quatre heures entre le premier et le dernier cadran du parcours.)

Vous pouvez vous déplacer seulement entre les cadrans qui se touchent; **ne reculez jamais dans le temps.**

(Solution en page 79.)

Questions

a) 1. En quelle année et à quelle occasion a-t-on mis en service la ligne Paris–Tokyo par la Sibérie?
2. Quels moyens de transport prenait-on avant la mise en service de cette ligne, et combien de temps est-ce que le voyage durait?
3. Combien de passagers le Boeing 707 peut-il transporter? En combien de temps fait-il le voyage? Où fait-il escale?
4. Par où est-ce que l'avion passe après avoir décollé de Tokyo?
5. Quels paysages découvre-t-on entre le fleuve Amour et l'Oural?
6. Quels pays survole-t-on entre Moscou et Paris?

b) 7. Pourquoi le trafic aérien a-t-il tellement augmenté?
8. Sur quoi le slogan du Transsibérien volant met-il l'accent? Expliquez-le.
9. Avez-vous déjà pris l'avion? Où êtes-vous allé? Qu'est-ce qui vous a particulièrement impressionné?

Exercices de vocabulaire

1. *Cherchez des expressions géographiques.*

2. *Expliquez.*

    a) la Sibérie
    b) une exposition universelle
    c) être indispensable
    d) un passager
    e) la capitale
    f) une région développée

3. *Choisissez le mot qu'il faut.*

    a) Ce qui rend le voyage aérien Paris–Tokyo particulièrement intéressant, c'est la beauté
    de la course ☐
    du cours ☐
    du parcours ☐

    b) Où est-ce que l'avion fait
    escale? ☐
    arrêt? ☐
    escalier? ☐

    c) En arrivant au-dessus de la capitale soviétique, on voit des
    coupures ☐
    coupoles ☐
    couples ☐

Exercices de grammaire

1. Voyage aérien.

   Complétez par des prépositions là où il le faut.

   1. Avant la mise . . . service du Transsibérien volant, il n'était pas agréable . . . se rendre . . . avion . . . Paris . . . Tokyo. Le voyage Paris–Tokyo . . . Saigon . . . avion à hélices durait 38 heures.
   2. Aujourd'hui, un Boeing 707 transporte . . . un peu plus . . . 13 heures, plus . . . 130 passagers . . . Paris . . . Tokyo.
   3. L'appareil fait escale . . . Moscou. De nombreux passagers profitent . . . cette escale pour visiter la capitale soviétique.
   4. . . . l'autre sens, l'avion met une heure . . . plus. Il décolle . . . l'aéroport de Tokyo . . . midi, laisse . . . sa droite le Japon, passe . . . Vladivostock, puis se dirige . . . l'ouest.
   5. Après avoir survolé . . . la Sibérie, il se pose . . . l'une des pistes . . . l'aéroport de Moscou. Après l'escale . . . la capitale de l'U.R.S.S., l'appareil vole . . . un certain nombre . . . pays. Enfin il atterrit . . . l'aéroport Charles-de-Gaulle.

2. En route!

   On peut voyager:

. . . voiture	. . . vélomoteur
. . . avion	. . . moto
. . . bateau	. . . car
. . . bicyclette	. . . train

   ou à pied!

   En ville, on peut prendre:

le bus	un taxi
le tram	le métro

   Comment peut-on aller   Comment allez-vous généralement
     à Paris?   au cinéma?
     aux Etats-Unis?   à la campagne?
     en Corse?   au lycée?

   Quel moyen de transport choisiriez-vous pour vous rendre à Paris? Pourquoi?

   Exemple:

   Moi, je prendrais le train. On met plus de temps qu'en avion par exemple. Mais ça coûte moins cher.

3. La ligne aérienne Paris–Tokyo.

Complétez en employant les verbes: faire, rendre, laisser.

1. L'Exposition Universelle d'Osaka a ... nécessaire la mise en service de la ligne aérienne Paris–Tokyo.
2. Avant, on ... passer les avions par Saigon: les Soviétiques ne ... pas survoler leur territoire. Pour se rendre de Paris à Tokyo, il fallait 38 heures.
3. Il était possible également d'aller au Japon en bateau; mais la traversée durait un mois. Pour ceux que les voyages par mer ... malades, cela ne devait pas être très agréable.
4. Aujourd'hui, dans le sens Tokyo–Paris, on ... suivre aux Boeings une route qui passe au nord du chemin de fer transsibérien.
5. Il n'y a qu'une escale: Moscou; il ne faut surtout pas ... passer cette occasion de visiter la ville.

Solution du «casse-tête» de la page 76

4 h 10, 4 h 31, 4 h 36, 5 h 21, 5 h 35, 5 h 52, 5 h 55, 6 h 05, 6 h 12, 6 h 37, 7 h 15, 7 h 25, 7 h 30, 7 h 45, 7 h 50.

13 *Premier départ en fusée*

Cet article de revue raconte le premier voyage de l'homme dans l'espace, le 12 avril 1961, avec Youri Gagarine, à bord de «Vostok».

L'homme vient de fermer les yeux.
Dix... Neuf... Huit...
Le compte à rebours commence: 10...9...8...
Ces secondes-là vont compter dans l'histoire de la terre et des hommes.
Ces secondes-là valent des siècles.
Des lampes s'éteignent, des lampes s'allument, et cela veut dire que les obstacles, un à un, disparaissent et que les possibilités, une à une, sont offertes à l'homme.
L'homme, enfermé dans la flèche de cette cathédrale, va partir vers le ciel.
Il sera le premier.
Il ne peut pas ne pas penser à tous les autres hommes qui ont élevé la cathédrale après avoir travaillé dur pendant des années et sans doute des siècles.
L'homme a les yeux fermés.
Sept... Six...
C'est bien court une seconde.
Cinq...
Penser à ne plus penser.
Vous voulez garder votre calme, mais comment être calme quand votre cœur bat de plus en plus vite.
Car il a peur tout de même.
Quatre...
C'est si long une seconde?
Trois...

Son père était menuisier.
Deux...
Sa femme ne sait même pas qu'il est là.
Et ses petites filles, ce soir, il les reverra.
Il doit les revoir, il veut les revoir.
Il sait que, depuis des siècles, des hommes ont travaillé pour qu'il les revoie. Il a confiance en eux, il a confiance en lui, il...
Un...
Déjà?
Maintenant, il faut ouvrir les yeux, se montrer digne de tous ceux qui ont préparé ce départ, et attendent une victoire.
Zéro!
Le bruit.
Tout vibre.
Il n'entend plus son cœur alors. Sa tête souffre.
Le bruit de l'orchestre qui s'accorde avant l'ouverture de la symphonie.

Un bruit insupportable.
Tout vibre. Tout va sauter. Sa tête aussi.
Tout son corps vibre.
⁴⁵ Trop de vibrations pour lui permettre de lire la marche des aiguilles sur les cadrans dont il est entouré.
Pour l'instant, il n'a encore rien à faire. Pas encore.
Il attend donc.
Lentement, pesamment, verticalement, il monte.
⁵⁰ Son grand voyage a commencé. La fusée, peu à peu, l'arrache à l'attirance de la terre.
Combien pèse-t-il? Comment peut-il peser tant?
Il a l'impression que c'est le poids de toute la terre qui monte vers lui. Il pèse lourd de tout l'espoir que les hommes ont mis en lui. Il en est fier et il ⁵⁵ sourit. Il essaie de sourire. Son sourire, ses amis d'en bas (mais «en bas» a-t-il encore un sens?) vont le voir sur un écran et le prendre pour une grimace de souffrance.
Plus de bruit.
Plus rien ne vibre.
⁶⁰ C'est le silence tout à coup, un silence qui lui fait peur.
Heureusement, du sol, une voix lui parle, une musique lui arrive.
Que s'est-il passé? Le voilà redevenu léger.
Il est bien. Il est mal. Il ne sait plus ce qu'il doit faire. Une voix, tout près de son oreille, le lui dit. Alors il commence à noter ses impressions sur un ⁶⁵ carnet.
Le carnet s'envole. Il étend le bras pour le rattraper.
Il a failli ainsi s'arracher l'épaule. Il le savait pourtant: ses gestes ne sont plus les mêmes que sur la terre.
Et lui aussi, voilà qu'il flotte dans sa cabine. Alors il se rappelle tout ce ⁷⁰ qu'il a appris pendant de longs mois d'entraînement.
Il a retrouvé son calme. Il a retrouvé son carnet.
Il prend des notes.
Il mange. Il boit. Il parle. Il est heureux.

---

une fusée (rocket) – 2 **à bord de** *ici:* dans la fusée 'Vostok' – 7 **valoir** *ici:* être aussi important que – 8 **s'éteindre** le contraire de s'allumer – 8 **veut dire** signifie – 11 **la flèche** *ici:* la partie supérieure en forme de pointe (spire) – 13 **élever** *ici:* construire – 21 **battre** action du cœur – 26 **le menuisier** (carpenter and joiner) – 35 **digne** (worthy) – 39 **vibrer** trembler – 41 **s'accorder** *ici:* ce que les musiciens font avec leurs instruments avant de commencer à jouer (to tune up) – 43 **sauter** *ici:* exploser – 45 **les aiguilles** (hands, indicators) – 46 **le cadran** (dial) – 46 **être entouré de** avoir autour de soi – 49 **pesamment** lourdement – 50

l'arrache à l'attirance de la terre *ici:* l'éloigne hors de la force de gravitation – 53 **le poids** (weight) – 54 **fier** (proud) – 56 **le sens** *ici:* ce qu'un mot veut dire, la signification – 56 **un écran** par ex.: un écran de télévision, un écran de cinéma – 61 **du sol** de la terre – 61 **la voix** (voice) – 62 **que s'est-il passé?** qu'est-ce que lui est arrivé? – 62 **léger** le contraire de lourd – 64 **noter,** *ici:* écrire – 65 **un carnet** un petit cahier pour prendre des notes – 66 **s'envoler** (to fly off) – 66 **rattraper qc** attraper qc avant que cela ne tombe – 67 **il a failli** *ici:* il s'est presque – 67 **arracher** (to pull out of position)

Questions

a) 1. De quoi est-il question dans cet article?
  2. Que se passe-t-il pendant le compte à rebours?
  3. A quoi est-ce que le cosmonaute pense pendant le compte à rebours?
  4. Qu'est-ce qui se passe au moment du départ?
  5. Quelle impression a-t-il pendant que la fusée monte vers le ciel?
  6. A quoi est-ce que le cosmonaute remarque que la fusée a quitté la zone d'attraction terrestre?
  7. Le cosmonaute a retrouvé son calme. Comment est-ce que cela se manifeste?

b) 8. Les Américains, eux aussi, ont fait des voyages dans l'espace. Que savez-vous du vol «Apollo XI»?
  9. Certains pensent que les voyages dans l'espace ne servent à rien. Quel est votre avis sur la question?

Exercices de vocabulaire

1. *Complétez.*

le voyage	voyager
le compte	?
?	travailler
le battement	?
?	marcher
l'ouverture	?
?	espérer
le sourire	?

la souffrance	?
?	arriver
l'entraînement	?
?	boire
le permis	?
?	peser
la lecture	?
?	vibrer

2. *Qu'est-ce qu'on peut allumer et éteindre?*

   Exemple: On peut allumer une lampe, éteindre la radio, etc.

3. «De» ou «à»?

un article	... journal	le chemin	... fer
une agence	... voyages	un sac	... provisions
du papier	... lettres	des ennuis	... argent
le permis	... conduire	un crayon	... bille
la course	... pied	une offre	... emploi
le compte	... rebours	une machine	... écrire

1

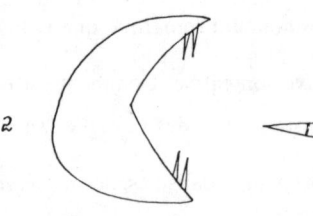

2

3

Exercices de grammaire

1. «Vostok I».

    Adjectif ou adverbe?

    1. Pour préparer le premier voyage de l'homme dans l'espace, les savants ont travaillé (dur) pendant des années.
    2. Ils ont passé de (long) heures à faire les plans de la fusée. Ils ont réfléchi (long) aux différents problèmes techniques.
    3. Le fait qu'un homme devait prendre place à bord de «Vostok» a (évident) pesé (lourd) dans les décisions.
    4. Puis, le jour du départ est arrivé. En s'installant dans son (étroit) cabine, Gagarine était (heureux). Mais, pendant le compte à rebours, il s'est mis à avoir peur. (Heureux), il a réussi à rester (calme).

5. Il a tout (simple) essayé de penser à autre chose. Il a attendu (calme) que les moteurs se mettent en marche.
6. Puis, la (lent) montée vers le ciel a commencé. (Pesant), (vertical), la (lourd) fusée a quitté la Terre.

2. Youri Gagarine.

Complétez en employant des adjectifs ou pronoms démonstratifs.

1. Dix ... Neuf ... Huit ... Le compte à rebours commence. ... secondes-là vont compter dans l'histoire de l'humanité.
2. L'homme, enfermé dans sa cabine, attend. ... homme, c'est Youri Gagarine, un cosmonaute soviétique.
3. Il lui faut se montrer digne de ... qui ont préparé pour lui ... départ, ... aventure.
4. Il pense à sa femme, à ... qui a partagé tous ses soucis jusqu'à maintenant et qui ne sait même pas qu'il est là.
5. Dans la cabine, tout vibre. Il n'arrive plus à lire la marche des aiguilles sur les cadrans, pas même sur ... qui est en face de lui.
6. Il essaie de sourire. Mais ... d'en bas ne prendront-ils pas ... sourire pour une grimace de souffrance?
7. Puis, tout à coup, c'est le silence. Il ne sait plus ... qu'il doit faire.
8. Enfin, il entend une voix, une voix d'homme. ... qui parle lui rappelle ... qu'il a appris pendant de longs mois d'entraînement. ... voix, qui vient de la Terre, lui permet de retrouver son calme.

3. De mieux en mieux.

a) *Lisez.*

Christian est bon au football parce qu'il s'entraîne souvent.
Claude est meilleur que Christian parce qu'il s'entraîne plus souvent que lui.
Gérard est le meilleur des trois parce que c'est lui qui s'entraîne le plus souvent.

b) *Transformez les phrases suivantes.*

1. Marianne est bonne à l'école parce qu'elle travaille bien. Et Jean? Et Claudine?
2. Maurice est fort en français parce qu'il lit beaucoup. Et Brigitte? Et Jean-Louis?
3. Joëlle est douée en calcul parce qu'elle compte vite. Et Gérard? Et Sylvie?
4. Pierre est fort en gym' parce qu'il vit sainement. Et Jacques? Et Christophe?

c) *Exprimez la même chose d'une autre façon.*

Exemple:
Christian, Claude et Gérard sont bons au football. Mais Christian est le moins bon des trois parce que c'est lui qui s'entraîne le moins souvent.

14 *Les débuts d'un cinéaste*

Il s'appelle Claude Lelouch. Il est né à Paris en 1937. Il a réalisé de nombreux films dont le plus connu est: «Un homme et une femme». Voici une interview qu'il a accordée à l'hebdomadaire parisien «L'Express».

L'Express: Vous avez tourné en 1972 un film qui s'appelait «L'Aventure, c'est l'aventure». Mais votre aventure à vous, comment a-t-elle commencé, en un mot, comment devient-on Claude Lelouch?
Claude Lelouch: J'ai découvert le cinéma d'une façon plutôt banale: en voyant de très mauvais films. Dans le quartier qu'habitaient mes parents, il y avait une salle où passaient de vieux westerns et de vieux films policiers. Comme je n'aimais pas beaucoup l'école, je séchais les cours pour aller au cinéma.
L'Express: Vos parents ne disaient rien?
Claude Lelouch: Mon père était un type formidable. Quand il s'est rendu compte que j'adorais le cinéma, il m'a fait le cadeau le plus important de ma vie: une caméra huit millimètres. J'avais quatorze ans. C'est alors que j'ai réalisé mes premiers reportages en filmant mes camarades pendant la récréation, quelquefois même pendant les cours.
L'Express: Mais, le cinéma d'amateur, ça coûte cher. Il faut acheter des films, les faire développer. Il faut avoir un projecteur, un magnétophone, tout un matériel, quoi. Comment faisiez-vous?
Claude Lelouch: Je me débrouillais. Je faisais des courses pour les gens du quartier, je portais le courrier de certaines entreprises à la poste, je travaillais aux Halles. Pour aller au cinéma, c'était plus simple. Je connaissais les sorties de secours de plusieurs salles. J'entrais à quatre pattes, juste après le début de la séance.
L'Express: Je suppose que votre père avait des ambitions pour vous?
Claude Lelouch: Bien sûr. Ce qu'il voulait surtout, c'était que je passe le bac.

L'Express: Et vous n'en aviez pas tellement envie... Est-ce que vous vous êtes présenté à l'examen?

Claude Lelouch: Oui. J'ai même réussi à l'écrit. Mais j'ai échoué à l'oral. Je vais vous expliquer pourquoi. Je préparais cet oral lorsqu'un soir, j'ai entendu une conversation entre mon père et ma mère. Celle-ci était en train de dire qu'elle était sûre que j'allais réussir et qu'il allait falloir me faire un cadeau. Mon père, lui, pensait que j'échouerais, mais que, de toute façon, je méritais un cadeau, par exemple, une caméra seize millimètres... Puis, j'ai entendu le mot «université». Or, je n'avais aucune envie de faire des études. J'ai donc réussi... à échouer. Mon père m'a offert la caméra. Un an plus tard, je faisais mes débuts de professionnel aux Etats-Unis.

L'Express: Aux Etats-Unis? Comment cela?

Claude Lelouch: Mon père devait y aller avec des collègues. Il m'avait laissé partir à sa place. C'est là-bas que j'ai tourné mon premier court métrage: un reportage sur les U.S.A.

L'Express: Puis, vous avez réalisé votre premier long métrage, je crois?

Claude Lelouch: Oui, j'ai tourné «Le Propre de l'homme». Ça a été un échec complet. J'étais presque décidé à renoncer au cinéma lorsqu'un monsieur que je ne connaissais pas m'a téléphoné pour me dire qu'il cherchait un metteur en scène. C'était pour faire un de ces petits films qui passent dans certains juke-boxes.

L'Express: Et vous l'avez fait?

Claude Lelouch: Oui. J'en ai même fait beaucoup, jusqu'à cinq par jour. Il faut dire que c'était très bien payé. C'est comme ça que j'ai pu réaliser «L'Amour avec des si», qui a obtenu beaucoup de succès... en Suède: treize semaines à Stockholm.

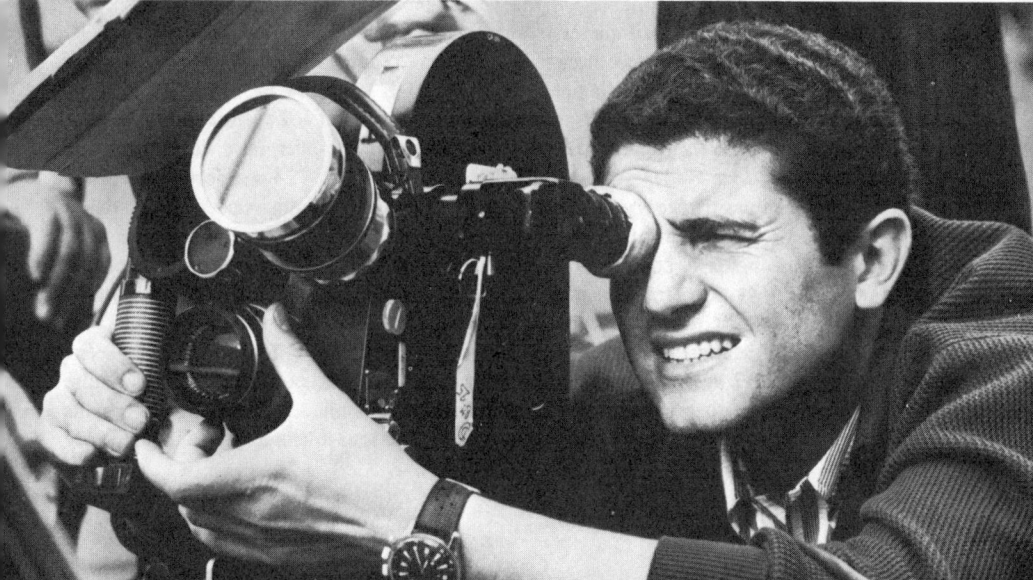

L'Express: Ensuite, vous êtes allé de succès en succès?
Claude Lelouch: Pensez-vous! J'ai tourné: «Les Grands Moments». Ça a été encore une fois la catastrophe. Pour tourner le film, j'avais emprunté 600.000 F. Une fois de plus, j'ai tout perdu. Mais, de nouveau, la chance m'a souri. Quand ça va mal, j'ai une habitude: je vais à Deauville et, pendant des heures, je marche sur la plage. Et c'est ce que j'ai fait, après l'échec des «Grands Moments». C'était en septembre. Il faisait un temps épouvantable. Je marchais, et je réfléchissais à la meilleure façon de payer mes dettes lorsque j'ai vu, assez loin, un femme qui se promenait elle aussi. Elle semblait très belle. A côté d'elle, une petite fille jouait. J'ai eu soudain envie de connaître cette femme, de savoir pourquoi elle était là avec cette enfant.

L'Express: Et c'est alors que vous avez eu l'idée d'«Un homme et une femme»?

Claude Lelouch: En effet. Je n'ai jamais fait la connaissance de cette femme. Je suis vite allé dans un café. J'ai écrit mon scénario. En trois quarts d'heures. Je suis rentré à Paris. Je suis allé voir Jean-Louis Trintignant. Ça lui a plu. Anouk Aimée a accepté de jouer le rôle de la femme. J'ai emprunté 400.000 F pour tourner le film. Puis je l'ai vendu à télévision américaine.

L'Express: Et, après, il y a eu le festival de Cannes, la Palme d'or, le grand succès ... Dites-moi, un bon film, pour vous, quand ce n'est pas un film de Claude Lelouch, qu'est-ce que c'est?

Claude Lelouch: C'est un film où je ne m'ennuie pas.

les débuts *m* les commencements, les premiers efforts – **un cinéaste** un homme qui organise son film – 1 **il a réalisé** *ici:* il a fait – 2 **"Un homme et une femme"** (English title: "A man and a woman") – 3 **accorder** consentir à donner – 3 **un hebdomadaire** un journal ou un magazine qui sort chaque semaine – 4 **tourner** filmer – 7 **d'une façon plutôt banale** *ici:* d'une manière extrêmement simple et très ordinaire – 9 **passaient** où on montrait – 10 **sécher les cours** *fam* aller se promener au lieu de se rendre à l'école – 13 **un type formidable** *ici:* un homme extraordinaire, admirable – 18 **les cours** *m* les leçons – 19 **un magnétophone** (tape recorder) – 20 **un matériel** un équipement – 21 **je me débrouillais** je faisais ce que je pouvais (managed) – 21 **faire des courses,** aller faire des achtas aux magasins, etc. – 23 **les Halles** principal marché de gros à Paris – 24 **une sortie de secours** porte utilisable en cas d'urgence – 24 **la patte** pied et jambe d'un quadrupède – 25 **le début de la séance** le commencement du programme – 27 **le bac** examen final avant l'entrée en université – 30 **échouer** le contraire de réussir – 33 **falloir** être nécessaire de – 41 **court** le contraire de long – 42 **métrage** *m* longueur d'un film exprimée en mètres – 42 **un court métrage** film de courte durée, 30 minutes au maximum – 44 **le Propre de l'homme** (Eng. title: the Right of Man) – 44 **un échec** le contraire d'un succès – 46 **un metteur en scène** (*here:* director) – 52 **avec des si** avec des conditions – 56 **j'avais emprunté** je dois rendre plus tard l'argent en question – 57 **la chance m'a souri** la bonne fortune m'a été favorable – 60 **un temps épouvantable** un très mauvais temps – 77 **où je ne m'ennuie pas** qui m'intéresse m'intéresse

Anouk Aimée dans le film «Un homme et une femme».

Questions

a) 1. Comment est-ce que Lelouch a découvert le cinéma?
   2. Quand et comment a-t-il réalisé ses premiers reportages?
   3. Que faut-il avoir pour faire du cinéma d'amateur?
   4. Comment Lelouch se débrouillait-il pour acheter ce dont il avait besoin pour faire ses films?
   5. Pourquoi a-t-il échoué à l'oral du bac?
   6. Où a-t-il fait ses débuts de professionnel? Qu'est-ce qu'il a tourné?
   7. Après l'échec de son premier long métrage, il était presque décidé à renoncer au cinéma. Qu'est-ce qui lui a fait changer d'avis?
   8. Comment a-t-il eu l'idée d'«Un homme et une femme»?

b) 9. Le père de Lelouch savait que son fils séchait les cours pour aller au cinéma. Pourtant il lui a offert une caméra. Qu'auriez-vous fait à sa place?
   10. Claude Lelouch avait toutes les chances d'être reçu au bac, mais il a préféré échouer. A-t-il agi intelligemment ou pas? Donnez vos raisons.

Exercices de vocabulaire

1. *Cherchez dans le texte les mots concernant l'école et les études.*

2. *Choisissez l'expression qu'il faut.*

   a) se débrouiller
         trouver toujours une solution à tout
         avoir des difficultés et ne pas savoir comment les résoudre
         faire des choses qu'on ne devrait pas faire
   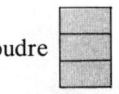

   b) le courrier
         le meilleur coureur
         les lettres, cartes, etc.
         celui qui apporte les lettres
   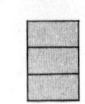

   c) un quartier
         partie d'une ville
         25% des habitants
         un logement
   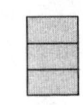

   d) mériter
         recevoir
         gagner
         avoir droit à

3. *Complétez en employant les verbes: prêter, garder, emprunter, rendre.*

   1. – Tu peux me ... ta caméra 8 mm? Demain, je vais en pique-nique avec mes parents, et j'aimerais bien faire un film.
   – D'accord, mais il faut me la ... demain soir.
   – Je ne peux pas la ... un peu plus longtemps? Après-demain, il y a un bon match de football et je m'étais dit que je pourrais filmer la partie.
   – Bon, si tu veux. Mais je te préviens: Quand je ... quelque chose, je veux qu'on me le ...

   2. – Comment as-tu fait pour te payer cette voiture?
   – Mais, je me suis débrouillé, mon vieux. J'ai ... 2000 F à mon père et 1000 F à ma mère.
   – Tu as de la chance d'avoir des parents qui te ... de l'argent si facilement.
   – Oui, si l'on veut. Mais ce n'est quand même pas drôle d'être obligé d' ... de l'argent, parce qu'ensuite il faut payer ses dettes.

   3. – Où est-ce que tu as acheté ce livre?
   – Je ne l'ai pas acheté, je l'ai ... à la bibliothèque.
   – Tu peux me le ... pour un jour ou deux?
   – Bien sûr. Tu peux même le ... une semaine, si tu veux. Je ne dois le ... que le 25.

Exercices de grammaire

1. C'est en filmant qu'on devient cinéaste.

    Exemple: — Comment Claude Lelouch a-t-il découvert le cinéma?
    — En voyant de très mauvais films.

    Continuez; répondez en vous inspirant du texte.
    1. Comment a-t-il réalisé ses premiers reportages?
    2. Comment gagnait-il l'argent qu'il lui fallait pour faire du cinéma d'amateur?
    3. Comment a-t-il financé son long métrage: «L'Amour avec des si»?
    4. Comment a-t-il réussi à tourner: «Un homme et une femme»?

2. Une interview avec François Truffaut.

    Vous voulez savoir
    1. comment il a débuté
    2. comment on devient François Truffaut
    3. en quelle année il a réalisé «L'Enfant Sauvage»
    4. quel film il tourne en ce moment
    5. où il trouve les sujets de ses films
    6. s'il aime le cinéma américain
    7. où il a appris le métier de cinéaste
    8. s'il tourne toujours avec les mêmes acteurs.

    Posez-lui des questions en employant d'abord «est-ce que», puis l'inversion.

3. Lelouch à quatorze ans (Dialogue dans la cour du lycée).

    Accordez les verbes et ajoutez des pronoms.
    1. — Je peux me servir de ta caméra?
       — Oui. Je veux bien que tu (se servir), mais fais attention de ne pas (laisser tomber).
    2. — C'est ton père qui te l'a achetée?
       — Oui. Il (offrir) pour mon anniversaire.
    3. — Tu t'achètes souvent des films?
       — Non, je ne (s'acheter) pas tellement souvent. Ça coûte cher, tu sais.
    4. — Où est-ce que tu fais développer tes films?
       — Je (faire développer) chez Dupont, rue de la Varenne.
    5. — Tu as déjà un projecteur?
       — Non, justement. Il faut que je (s'acheter) un.
    6. — Tu devrais demander à ton père de te le payer.
       — Oui, c'est une idée. Je (aller demander) ce soir s'il est d'accord.
    7. — Dis donc, tu as envie d'aller au cours de maths, toi?
       — Non. Je (ne pas avoir envie) du tout.
    8. — On sèche le cours?
       — Oui. On (sécher), si tu veux. Mais qu'est-ce qu'on dira au prof?
       — On (dire) qu'on était malades.

15
Une question de vie ou de mort
♥

Le texte suivant est un extrait du scénario d'«Un homme et une femme».

Jean-Louis s'est classé 4ᵉ au rallye de Monte-Carlo. Il vient de recevoir un télégramme: «Bravo. Je vous aime. Anne». Il roule vers Paris pour rejoindre la femme qu'il aime. Soudain, il a des ennuis de moteur.

      SEQUENCE No 58
5   EXTERIEUR NUIT
      DEVANT GARAGE

Enfin, à droite de la route, un garage, mais fermé. Jean-Louis arrête sa voiture devant le garage. Il laisse les phares allumés pour voir la sonnette de nuit.
10 Il cherche cette sonnette en vain; il n'y en a pas. Il crie:

    Jean-Louis: Il y a quelqu'un?

Il attend quelques secondes. Personne ne répond. Jean-Louis n'hésite pas: il lance un caillou dans la vitre du premier étage. La fenêtre s'ouvre presque aussitôt. Le garagiste, encore ensommeillé, demande sur un ton grincheux:

Le garagiste: Qu'est-ce qu'il y a? Je ne fais pas service de nuit!
Jean-Louis: C'est très important, je dois être à Paris à l'aube.
Le garagiste: A Paris ce matin, vous êtes fou, et d'ailleurs j'ouvre à 8 heures.
Jean-Louis (hurlant): C'est une question de vie ou de mort!
Le garagiste:... Alors là, c'est différent.

Il disparaît dans la chambre. La lumière s'allume.
Enchaîné.
Le garagiste est penché sur le moteur de la voiture.

Le garagiste: Maintenant ça devrait aller.

Le garagiste monte dans la voiture. Il met le moteur en marche. Accélérations...

Le garagiste: C'est bon...

Il remarque tout à coup le télégramme déplié au-dessus du tableau de bord.

Le garagiste: Dites-moi, je ne voudrais pas être indiscret, mais cette question de vie ou de mort, qu'est-ce que c'est?

Jean-Louis qui a déjà sorti un billet de sa poche le donne au garagiste et lui dit:

Jean-Louis: Une femme à embrasser.

Jean-Louis monte dans sa voiture. Le garagiste est totalement secoué par cette réplique; il vacille sur ses jambes ne sachant que dire, ne s'étant même pas rendu compte que Jean-Louis lui a donné de l'argent.

2 **rejoindre** retrouver – 3 **des ennuis** des difficultés, problèmes – 5 **extérieur** (*here:* out of doors) – 8 **les phares** lumières à longue distance – 13 **un caillou** une petite pierre – 13 **la vitre** le verre de la fenêtre – 14 **ensommeillé** presque endormi – 14 **grincheux** d'humeur désagréable – 16 **à l'aube** début du lever du soleil, le moment où le jour se lève – 19 **hurler** crier très fort – 22 **un enchaîné** *ici:* image qui disparaît peu à peu pour être replacée par une autre (lap dissolve) – 28 **déplié** *ici:* ouvert – 28 **le tableau de bord** (dashboard) – 31 **un billet** (banknote) – 34 **secoué** *ici:* extrêmement surpris (shaken) – 35 **une réplique** une réponse – 35 **vaciller** (to sway) – 35 **ne sachant que dire** il ne trouve pas les mots pour s'exprimer – 35 **ne s'étant pas rendu compte** il n'avait pas remarqué

Questions

a) 1. D'où vient Jean-Louis et où veut-il aller?
   2. Où et quand cette séquence se passe-t-elle?
   3. Jean-Louis réveille le garagiste. Pourquoi?
   4. Pourquoi le garagiste prend-il un ton grincheux?
   5. Il décide d'aider Jean-Louis. Pour quelle raison?
   6. Que demande le garagiste après avoir remarqué le télégramme?
   7. Comment réagit-il à la réponse de Jean-Louis?

b) 8. Qu'est-ce que vous pensez du comportement de Jean-Louis?
   9. Comment auriez-vous réagi à la place du garagiste?

Exercices de vocabulaire

1. Pas de chance.

   a) *Traduisez en anglais.*
      1. M. Arnaud veut changer d'emploi; il s'est mis en contact avec une entreprise d'Orléans; aujourd'hui il doit se rendre dans cette ville pour se présenter.
      2. Les Arnaud doivent donc déjeuner de bonne heure. Quand M. Arnaud arrive à la maison, Mme Arnaud a déjà mis la table.
      3. Ils se mettent tout de suite à déjeuner.
      4. Après le déjeuner, M. Arnaud dit à sa femme: «Maintenant il faut que je me mette en route.»
      5. Il met son manteau.
      6. «Il a neigé, je vais mettre à peu près une heure et demie pour y aller.»
      7. M. Arnaud monte dans sa voiture. Il essaie de mettre le moteur en marche, mais il n'y arrive pas.
      8. Il se met en colère. «Tu n'as qu'à prendre le train», lui dit sa femme.
      9. Devant la gare, M. Arnaud glisse et tombe; quelqu'un l'aide à se remettre debout.
      10. Quand il arrive sur le quai, le train vient juste de se mettre en marche . . .

   b) Cherchez dans ces phrases toutes les expressions avec «*mettre*» et faites une liste.

2. Parlons voitures.

   a) A quel genre d'école est-ce qu'on s'adresse quand on veut apprendre à conduire?
   b) Qu'est-ce qu'il faut connaître pour se présenter à l'examen?
   c) Qu'est-ce qu'on obtient, quand on réussit à cet examen?
   d) Où est-ce qu'on s'arrête pour prendre de l'essence?
   e) Qu'est-ce qu'on peut y faire vérifier?
   f) Qu'est-ce qu'un garage?

g) Que peut-on faire quand on a une panne d'essence sur l'autoroute?
h) Quels papiers montre-t-on aux gendarmes en cas d'accident?
i) Dans une voiture, il y a différentes parties; quelles sont celles que vous connaissez?

3. «*Obtenir*» *ou* «*recevoir*»?
   1. Chère Danielle,
      Je te remercie de ta lettre, que j'ai... hier.
   2. Ce matin, j'ai... un coup de téléphone de Gérard.
   3. Il a beaucoup travaillé pour son examen d'allemand; j'espère qu'il va... de bons résultats.
   4. Isabelle et Marc se sont mariés la semaine dernière; ils ont... beaucoup de cadeaux.
   5. Daniel s'est enfin décidé à mettre une annonce dans le journal pour trouver du travail; il a... quinze réponses.
   6. Je crois qu'il va se présenter chez Renault. J'espère, qu'il va... la place.
   7. Bon, je vais m'arrêter là; il faut vite que j'aille à la poste pour que tu... ma carte avant ton départ pour Londres.

   Je t'envoie toutes mes amitiés. Ton amie Mireille.

Exercices de grammaire

1. Révision des verbes.

   Mettez les verbes suivants aux formes indiquées:

Indicatif présent	je...
Imparfait	il...
Futur	nous...
Conditionnel	ils...
Subjonctif présent	
Passé composé	je...
Passé simple	il... / ils...
Gérondif	en...

   avoir, être, savoir, vouloir, attendre, commettre, connaître, considérer, découvrir, devoir, disparaître, pouvoir

   ouvrir, plaire, prendre, recevoir, se rendre, rire, sortir, vivre, voir, offrir, croire, dormir

95

2. Révision des verbes en -ger et en -cer.

Présent	je...
	nous...
Imparfait	je...
	nous...
	ils...

Gérondif	en...
Passé simple	il...
	ils...

changer	lancer	nager
charger	manger	obliger
commencer	menacer	partager

3. Les ennuis du commissaire Maigret.

– Qu'est-ce que tu as vu?
– Rien.
– Comment ça, rien?
– C'est vrai, monsieur le commissaire, je n'ai rien vu. Si j'avais vu quelque chose, je vous le dirais.

Continuez d'après l'exemple donné.
1. – Qu'est-ce que tu as entendu?
2. – Qui est-ce que tu as rencontré?
3. – Qu'est-ce que tu as raconté à Jules?
4. – Qui était avec toi?
5. – Où es-tu allé entre 2 heures et 3 heures du matin?
6. – Qui t'a donné l'adresse de Jules?
7. – A qui as-tu vendu de la drogue?
8. – Pour qui travailles-tu, en ce moment?
9. – Qu'est-ce que tu as raconté à la femme de Jules?

4. Exercice d'orthographe

a) *Etudiez les différentes possibilités d'écrire* [ɛ].

ê	è	ai	e + double consonant
la fête	le frère	la paix	elle

er (enclosed syllable)	ex	es + consonant
perdre	l'exemple	est

b) *Cherchez d'autres exemples dans le texte.*

Centre d'intérêt

Les genres de films

le documentaire	le film policier	la comédie
le film historique	le film d'horreur	la comédie musicale
le film de guerre	le western	le film d'amour
le film d'espionnage	le drame psychologique	les dessins animés

1. Définissez les différents genres de films.
2. Quels genres de films avez-vous déjà vus au cinéma ou à la télé?
3. Quel genre de films vous plaît particulièrement? Pourquoi?
4. Certains films vieillissent plus rapidement que les autres. Lesquels et pourquoi?

Jacques Prévert
Pour toi mon amour

        Je suis allé au marché aux oiseaux
        Et j'ai acheté des oiseaux
        Pour toi
        mon amour
        Je suis allé au marché aux fleurs
        Et j'ai acheté des fleurs
        Pour toi
        mon amour
        Je suis allé au marché à la ferraille
        Et j'ai acheté des chaînes
        De lourdes chaînes
        Pour toi
        mon amour
        Et puis je suis allé au marché aux esclaves
        Et je t'ai cherchée
        Mais je ne t'ai pas trouvée
        mon amour.

la ferraille (old iron) – **lourd** (heavy) – **un esclave** (slave)

16 *Raymond Lindon*
Ferdinand Cristobal, alias Daniel Lévy ✡

Ferdinand Cristobal appartenait à une famille respectable qui habitait un appartement de quatre pièces au quatrième étage d'un immeuble de la rue Bayen à Paris. Son père était employé. Sa mère travaillait dans une maison de confection. Son frère, Alphonse, avait une bonne situation.

Mais Ferdinand était paresseux. Il avait fait, comme on dit, tous les métiers. Il avait même fini par «faire des affaires» plus ou moins honnêtes.

Or, ce genre de vie ne plaisait pas beaucoup à son père. Un jour, celui-ci en eut assez. Il décida de parler sérieusement avec son fils. C'était un samedi, à midi. Toute la famille était à table. Une violente discussion s'engagea alors entre le père et le fils. Il y eut des injures, des coups de poing sur la table. (Le père Cristobal était d'origine espagnole et tout le monde avait le sang chaud, dans la famille.) Alphonse, qui avait pris le parti de son père, finit par se lever et, d'un coup de poing, il envoya Ferdinand par terre. Celui-ci, furieux, sortit son revolver et tira: une fois, deux fois, trois fois, sur Alphonse qui tomba, atteint au ventre. M. Cristobal voulut prendre l'arme des mains de son fils. Mais Ferdinand tira encore deux fois, et le père tomba à son tour.

Ferdinand eut de la chance, et un bon avocat. Il s'en tira avec huit ans de travaux forcés.

Il partit pour le bagne. Quand il revint en France, à peu près un an avant la guerre, il se rendit compte rapidement qu'il n'était pas agréable de porter un nom trop connu: chaque fois qu'il se présentait dans une entreprise pour demander du travail, on refusait de l'engager, à cause de son curriculum vitae. Il décida donc de changer d'identité. Il finit par rencontrer un clochard qui lui proposa de lui donner ses papiers contre une bouteille de cognac. Cristobal accepta. Le clochard s'appelait Lévy.

Puis ce fut la guerre, l'Occupation, et les lois racistes. Ferdinand Cristobal, devenu Daniel Lévy, ne se faisait pas trop de soucis. Il savait bien qu'il n'était pas juif. D'ailleurs, il ne ressemblait pas du tout à un juif.

Mais un soir, dans un des bars où il avait l'habitude de «faire des affaires», il fut pris dans une rafle. Au commissariat on lui dit qu'il s'agissait seulement d'une vérification d'identité. Le commissaire examina les papiers de Ferdinand, puis il leva la tête et le regarda avec un drôle d'air:
— Dites-moi, mon ami, vous n'êtes pas en règle.
— Pas en règle?
— Votre carte n'est pas tamponnée. Et votre étoile jaune?
Cristobal comprit.
— Mais je ne suis pas juif.
— C'est facile à dire. Mais quand on s'appelle Lévy, on n'est pas le fils du pape, dit le commissaire avec un sourire.
— Mais monsieur le commissaire . . .
— Donnez-moi le nom de vos parents.
Le commissaire prit un crayon et commença à écrire.
— Ecoutez, monsieur le commissaire . . .
— Allons, pas tant d'explications.
— Monsieur le commissaire, ce ne sont pas mes vrais papiers.
— Ah ah! J'en étais sûr! Vous préférez dire la vérité. Ça vaut mieux. Mais il faudra expliquer ce que vous faisiez dans un bar de la rue Saint-Martin, bien que vous travailliez dans le premier arrondissement et que vous habitiez dans le deuxième.
— Monsieur le commissaire, je ne m'appelle pas Lévy.
— Comment cela?
— Mon vrai nom est Cristobal. J'ai eu des ennuis avec la justice. J'ai voulu changer d'identité et un clochard qui s'appelait Lévy m'a donné ses papiers contre une bouteille de cognac.
— Lévy, et vous avez choisi le nom de Lévy, dit le commissaire. Pourquoi pas Nathan ou Bloch?
— Le type s'appelait comme ça.
— Qu'est-ce qui me prouve que vous êtes Cristobal, comme vous dites, et pas Lévy?
Ferdinand eut une idée géniale:
— Oh! C'est facile à vérifier. Prenez mes empreintes digitales, et consultez les archives de la police. Vous verrez: Ferdinand Cristobal, condamné à huit ans de travaux forcés le 8 juin 1930.
— Hm. Nous allons voir ça.

65 Et Cristobal passa la nuit au commissariat.
Le lendemain, à onze heures, le commissaire le fit de nouveau venir dans son bureau.
— Alors, dit-il, vous prétendez toujours être Cristobal?
— Mais oui.
70 — Né le...?
— ...7 décembre 1904.
— Parents?
— Pierre Cristobal et Isabelle Lacluze.
— En effet. Alors, c'est vous qui avez tué votre frère et blessé votre père?
75 — Oui.
— Et vous avez été condamné à huit ans de travaux forcés?
— Oui.
— Vous avez eu aussi huit jours de prison pour chèque sans provision?
— Oui.
80 — Puis un mois pour vol?
— Oui.
— Et, en somme, vous n'êtes pas juif?
— Non.
— Eh bien, dans ces conditions, vous êtes libre.

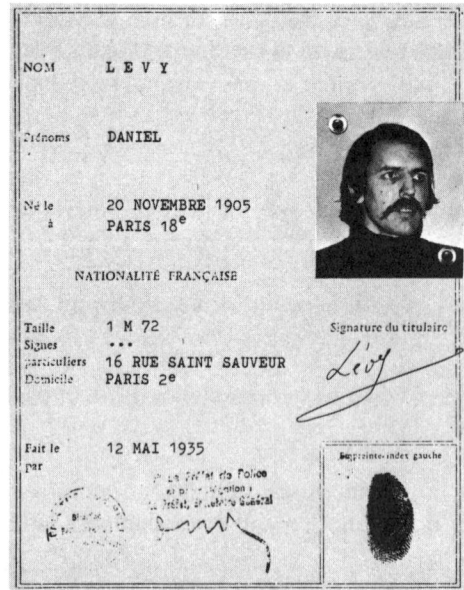

La nouvelle carte d'identité de Ferdinand Cristobal.

1 **appartenir à** faire partie de – 3 **était employé** avait du travail – 3 **une maison de confection** une fabrique de vêtements – 5 **fait** *ici:* essayé – 6 **faire des affaires** se procurer de l'argent par diverses transactions – 9 **s'engagea** commença – 10 **des injures** *f* accusations violentes – 10 **des coups de poing** *m* (banging with the fists) – 11 **avait le sang chaud** avait une tendance à des réactions violentes et soudaines – 14 **tirer** (to fire) – 15 **atteint au ventre** frappé au-dessous de l'estomac – 16 **à son tour** lui aussi – 17 **s'en tirer** (to get out of (a difficulty)) – 18 **les travaux forcés** (hard labour) – 19 **le bagne** le lieu où sont les condamnés aux travaux forcés (convict prison, penal settlement) – 22 **le curriculum vitae** (*here:* past history) – 23 **un clochard** un vagabond misérable qui passe son temps dans les rues – 26 **l'Occupation** de 1940 à 1944 les troupes allemandes – ont occupé une partie de la France – 26 **la loi** (law) – 27 **ne se faisait pas trop de soucis** n'en était pas très inquiet – 27 **se faire du soucis** être préoccupé par un problème – 28 **un juif** (Jew) – 30 **une rafle** arrestation en masse opérée par la police – 33 **en règle** *ici:* vos papiers ne sont pas légalement en order – 35 **tamponner** (to stamp) – 39 **le pape** chef de l'Eglise catholique – 48 **un arrondissement** quartier de Paris – 60 **une idée géniale** une très bonne idée, une idée de génie – 61 **les empreintes digitales** (finger prints) – 74 **tuer** faire mourir – 78 **un chèque sans provision** ('dud' cheque)

Questions

a)
1. Que savez-vous de la famille Cristobal?
2. Pourquoi est-ce que M. Cristobal n'était pas content de son fils Ferdinand?
3. Un jour, il a décidé de parler à son fils. Qu'est-ce qui s'est passé au cours de cette violente discussion?
4. A quoi Ferdinand a-t-il été condamné?
5. Pourquoi est-ce qu'il a changé de nom peu après son retour en France?
6. Comment est-ce qu'il a fait pour obtenir d'autres papiers?
7. Cristobal, alias Lévy, a eu des ennuis avec la police. Pourquoi?
8. Comment est-ce que Ferdinand a réussi à prouver qu'en réalité, il s'appelait Cristobal?

b)
9. D'après vous, pourquoi Ferdinand est-il devenu malhonnête?
10. Pourquoi est-ce que le commissaire a reproché à «Daniel Lévy» de ne pas porter son étoile jaune?
11. Que pensez-vous de l'attitude et des remarques du commissaire?

Exercices de vocabulaire

1. *Cherchez dans le texte le mots et expressions qui concernent la police et la justice.*

2. *Expliquez.*
   1. Il avait fait tous les métiers. (5)
   2. Il y eut des injures. (10)
   3. Tout le monde avait le sang chaud dans la famille. (11)
   4. D'un coup de poing, il envoya Ferdinand par terre. (13)
   5. Il décida de changer d'identité. (23)
   6. Il ne ressemblait pas du tout à un juif. (28)

3. *Complétez.*

décider	?	?	l'explication
?	l'entreprise	prouver	?
opérer	?	?	la vérification
examiner	?	blesser	?

Exercices de grammaire

1. Un paresseux.

   Il ne va pas au travail aujourd'hui. Il n'est pas malade et il n'a pas prévenu son patron.
   Il ne va pas au travail aujourd'hui bien qu'il ne soit pas malade et qu'il n'ait pas prévenu son patron.

   Continuez d'après l'exemple donné.
   1. Il ne fait rien à la maison. Sa femme travaille et elle attend un bébé.
   2. Il se plaint d'habiter au 5ᵉ étage. Il y a un ascenseur dans l'immeuble et il est très rapide.
   3. Il ne fait pas réparer sa voiture. Elle est en panne depuis six mois et il a un cousin garagiste.
   4. Il ne va jamais se promener. Il vit en banlieue et son médecin le lui a conseillé.
   5. Il ne fait jamais les courses. Il travaille dans un libre-service et on lui fait un prix sur certains articles.
   6. Il ne va jamais au théâtre. Il a droit à des billets gratuits et la salle est à deux cents mètres de chez lui.

2. Commençons par le commencement.

   – Ferdinand a fait tous les métiers.
   – Comment est-ce que ça s'est terminé?
   – Il a fini par «faire des affaires» plus ou moins honnêtes.

   Continuez d'après l'exemple donné en employant: «Il a fini par . . .». Répondez en vous inspirant du texte.
   1. Il s'est disputé avec son père et son frère.
   2. De retour du bagne, il n'arrivait pas à trouver du travail parce qu'il portait un nom trop connu.
   3. Pendant la guerre, il a continué à faire des affaires.
   4. Le commissaire a dit à Ferdinand que sa carte d'identité n'était pas tamponnée.
   5. Le lendemain, Cristobal était de nouveau dans le bureau du policier.

3. Drame familial: un mort, un blessé.
   a) *Lisez.*
   C'est un samedi, à midi. La famille Cristobal vient de se mettre à table. M. Cristobal a décidé de parler sérieusement avec son fils Ferdinand. Il lui demande d'abord sur un ton ironique comment vont ses affaires. Ferdinand le remercie et lui dit qu'elles vont très bien. Le père se met alors en colère et lui reproche d'être un paresseux. Le fils répond qu'il n'est plus un enfant et qu'il peut faire ce qu'il veut. C'est alors qu'Alphonse prend part à la discussion. Il dit qu'il est de l'avis de son père et que Ferdinand doit essayer de trouver du travail. Celui-ci se met à injurier son père et son frère. Alphonse finit par se lever et donne un coup de poing à Ferdinand qui tombe par terre. Ce dernier, furieux, sort son revolver, tue son frère et blesse son père qui veut lui prendre l'arme des mains.

   b) *Racontez ce texte au passé.*

   c) *Ecrivez-le au passé.*

Centre d'intérêt

L'arbre généalogique de Ferdinand Cristobal

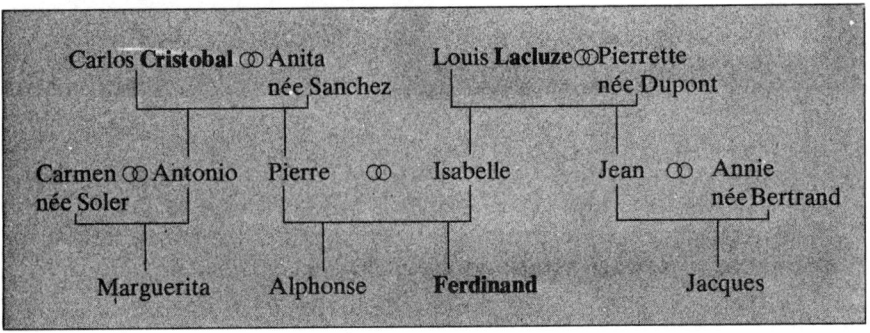

Qui est qui?

a) *Posez toutes les questions possibles et répondez-y.*

   Exemples: Qui est Ferdinand Cristobal? C'est le fils de Pierre Cristobal et de sa femme Isabelle, le petit-fils de . . ., etc.
   Comment s'appelle son cousin? Son cousin, il s'appelle Jacques Lacluze.

b) *Posez des questions à Ferdinand et répondez à sa place.*

   Exemples: Qui est Anita Cristobal? C'est ma grand-mère.
   Avez-vous des cousins? Oui, j'ai un cousin, Jacques, et une cousine, Marguerita. Elle est espagnole.

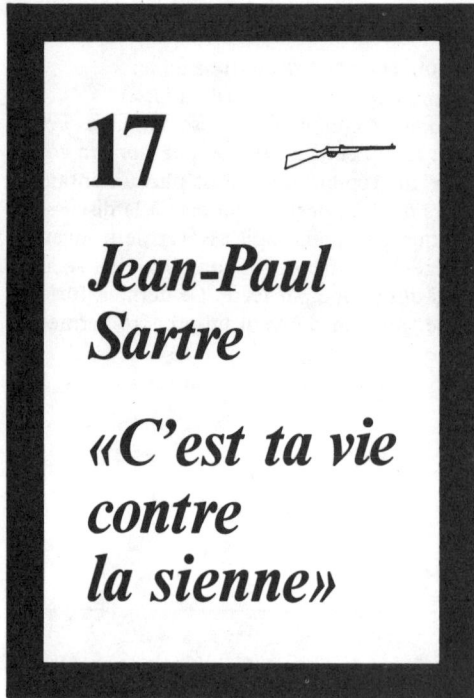

17

Jean-Paul Sartre

«C'est ta vie contre la sienne»

Quelque part en Espagne. Entre 1936 et 1939. C'est la guerre civile. Les troupes nationalistes, sous les ordres du général Franco, se battent contre l'Armée républicaine et les Brigades internationales. Les nationalistes ont enfermé une partie de leurs prisonniers dans les caves d'un hôpital.

5 *Un officier interroge les prisonniers.*

C'était mon tour:
— Vous vous appelez Pablo Ibbieta?
  Je dis que oui.
  L'officier regarda ses papiers et me dit:
10 — Où est Ramon Gris?
— Je ne sais pas.
— Vous l'avez caché dans votre maison du 6 au 19.
— Non.
  Il écrivit un moment, puis me fit sortir. Dans le couloir Tom et Juan atten-
15 daient. On nous ramena dans la cave. Vers huit heures du soir, un commandant entra avec deux autres officiers.

Il demanda au gardien:
- Comment s'appellent-ils, ces trois-là?
- Steinbock, Ibbieta et Mirbal, dit le gardien.
Le commandant regarda sa liste:
- Steinbock... Steinbock... Voilà. Vous êtes condamné à mort. Vous serez fusillé demain matin.
Il regarda encore:
- Les deux autres aussi, dit-il.
- Ce n'est pas possible, dit Juan. Pas moi.
Le commandant le regarda d'un air étonné:
- Comment vous appelez-vous?
- Juan Mirbal, dit-il.
- Eh bien, votre nom est là, dit le commandant, vous êtes condamné.
- Je n'ai rien fait, dit Juan.
Le commandant haussa les épaules. Puis il nous dit:
- Un médecin belge viendra tout à l'heure. Il a l'autorisation de passer la nuit avec vous.
Il sortit.
- On est fichu, dit Tom.
- Oui, dis-je, c'est dur pour le petit. Il n'a rien fait.
La porte s'ouvrit, et deux gardiens entrèrent. Ils étaient suivis d'un homme blond qui portait un uniforme belge.
Le petit Juan lui dit tout à coup.
- Vous êtes médecin?
- Oui, répondit le Belge.
- Est-ce qu'on souffre... longtemps?
- Oh! Quand...? Mais non, dit le Belge, c'est vite fini.
- Mais je... on m'avait dit... qu'il fallait souvent deux salves.
- Ça peut arriver, dit le Belge. Quelquefois, la première salve n'atteint aucun des organes vitaux.

La nuit passe.

Il faisait encore noir quand j'entendis la voix de Tom:
- Tu les entends?
- Oui.
Des soldats marchaient dans la cour.
- Qu'est-ce qu'ils viennent faire? Ils ne peuvent pourtant pas tirer dans le noir.
Au bout d'un moment, nous n'entendîmes plus rien. Je dis à Tom:
- Il commence à faire jour.
La cave était devenue toute grise. Nous entendîmes des coups de fusil.

— Ça commence, dis-je à Tom. Ils doivent faire ça dans la cour qui est derrière l'hôpital.
Tom demanda au médecin de lui donner une cigarette. Moi je n'en voulais pas. La porte s'ouvrit, et un lieutenant entra avec quatre soldats et le gardien. Tom laissa tomber sa cigarette.
— Steinbock?
Tom ne répondit pas.
— Juan Mirbal?
— C'est celui-là, dit le gardien.
— Levez-vous, dit le lieutenant.
Les soldats emmenèrent Steinbock et Mirbal. Quand je voulus sortir, le lieutenant m'arrêta:
— C'est vous, Ibbieta?
— Oui.
— Vous allez attendre ici: on viendra vous chercher tout à l'heure.

Ils sortirent. Je restai seul. Je ne comprenais pas ce qui m'arrivait. Au bout d'une heure, on vint me chercher et on me conduisit au premier étage, dans un petit bureau qui sentait le cigare. Il y avait là deux officiers qui fumaient, assis dans des fauteuils, avec des papiers sur leurs genoux.
— Tu t'appelles Ibbieta?
— Oui.
— Où est Ramon Gris?
— Je ne sais pas.
Celui qui m'interrogeait était petit et gros. Il avait des yeux durs derrière ses lunettes. Il me dit:
— Approche.
Je m'approchai. Il se leva et me prit par les bras, en me regardant dans les yeux. Il dit:
— C'est ta vie contre la sienne. On te laisse la vie sauve si tu nous dis où il est.
— Je ne sais pas où est Gris, répondis-je.
L'autre officier dit alors:
— Vous avez un quart d'heure pour réfléchir. Emmenez-le à la chapelle.
Vous le ramènerez dans un quart d'heure. S'il refuse toujours de répondre, on le fusillera tout de suite.

Au bout d'un quart d'heure, des soldats vinrent me chercher et me ramenèrent dans le bureau.
— Eh bien, dit le gros officier, tu as réfléchi?
Je leur dis:
— Je sais où il est. Il est caché dans le cimetière. Dans la cabane des fossoyeurs.

C'était faux. Bien entendu. Gris se cachait chez ses cousins, à quatre kilomètres de la ville. Mais je voulais les voir se lever et donner des ordres. Et c'est ce qu'ils firent, en effet:
— Allons-y. Moles, allez demander quinze hommes au lieutenant Lopez. Toi, me dit le petit gros, si tu as dit la vérité, je tiendrai ma promesse. Mais tu le paieras cher si tu t'es fichu de nous.

Ils partirent très vite, et j'attendis tranquillement, sous la garde de deux soldats.

De temps en temps, je souriais parce que je pensais à la tête que les deux officiers allaient faire.

Je les imaginais courant dans le cimetière, entre les tombes...

Au bout d'une demi-heure le petit gros revint seul. Je pensai qu'il venait donner l'ordre de me fusiller. Les autres devaient être restés au cimetière. L'officier me regarda. Il n'avait pas l'air furieux.
— Emmenez-le dans la grande cour avec les autres, dit-il. A la fin de la guerre, un tribunal régulier décidera de son sort.

Je crus que je n'avais pas compris. Je lui demandai:
— Alors on ne me... on ne me fusillera pas?...
— Pas maintenant en tout cas. Après, ça ne me concerne plus.

Je ne comprenais toujours pas. Je lui dis:
— Mais pourquoi?

Il haussa les épaules sans répondre, et les soldats m'emmenèrent.

Vers le soir, on amena dans la cour une dizaine de prisonniers nouveaux. Je reconnus Garcia, le boulanger. Il me dit:
— Tu as eu de la chance! Je ne pensais pas te revoir vivant.
— Ils m'avaient condamné à mort, dis-je, et puis ils ont changé d'idée. Je ne sais pas pourquoi.
— Ils m'ont arrêté à deux heures, dit Garcia.
— Pourquoi?

Garcia ne faisait pas de politique.
— Je ne sais pas, dit-il. Ils arrêtent tous ceux qui ne pensent pas comme eux.

Puis il ajouta:
— Ils ont tué Ramon Gris.

Je me mis à trembler.
— Quand?
— Ce matin. Il a quitté son cousin mardi parce qu'ils s'étaient disputés. Il a dit: «Je vais me cacher au cimetière.»
— Au cimetière?

135   — Oui. C'était idiot. Naturellement ils y sont passés ce matin. Ils l'ont trouvé dans la cabane des fossoyeurs et ils l'ont tué.
— Au cimetière !

Tout se mit à tourner et je me retrouvai assis par terre: je riais si fort que les larmes me vinrent aux yeux.

2 **se battent contre** sont en conflit avec — 4 **la cave** partie d'une maison qui est au-dessous du sol — 12 **cacher qn** recevoir qn chez soi pour qu'on ne le trouve pas — 14 **me fit sortir** m'obligea de sortir — 14 **le couloir** le passage, le corridor — 15 **ramener** amener de nouveau (to lead back) — 15 **un commandant** (major) — 17 **un gardien** *ici:* celui qui doit surveiller les prisonniers — 22 **fusillé** atteint par un fusil (shot) — 31 **hausser les épaules** lever les épaules en signe d'indifférence — 32 **tout à l'heure** dans un moment — 35 **on est fichu** *fam* nous sommes perdus — 44 **salve** *f* salvo — 45 **atteindre** (*here:* to hit) — 52 **tirer** (to shoot, fire) — 56 **un fusil** (gun, rifle) — 56 **un coup de fusil** ce que l'on entend quand qn tire au fusil (shot) — 67 **emmener** mener de l'endroit où l'on est vers un autre endroit (to lead away) — 74 **qui sentait le cigare** où il y avait une odeur de cigare — 95 **le cimetière** endroit où reposent les morts — 95 **une cabane** sorte de petite maison — 95 **un fossoyeur** un employé qui travaille dans un cimetière et creuse les tombes — 101 **la vérité** (truth) — 102 **se ficher de qn** se moquer de qn — 105 **à la tête qu'ils allaient faire** (what they would look like) — 112 **un tribunal régulier** (ordinary court) — 112 **le sort** (fate) — 119 **amener** conduire vers un endroit ou une personne (to bring) — 121 **vivant** le contraire de mort — 129 **tuer qn** faire mourir qn

Questions

a)   1. Où et à quelle époque l'histoire s'est-elle passée ?
     2. Un officier a interrogé Pablo Ibbieta. Que voulait-il savoir ?
     3. Qu'est-ce que le commandant a annoncé aux trois prisonniers ?
     4. Où les prisonniers ont-ils passé la nuit ? Et avec qui ?
     5. Que s'est-il passé le lendemain matin, au lever du jour ?
     6. Où Ibbieta a-t-il été conduit une heure après ?
     7. Quelle proposition est-ce qu'on lui a faite ?
     8. Ibbieta voulait donner un faux renseignement. Où pensait-il que Ramon Gris se cachait ?
     9. Pourquoi Pablo n'a-t-il pas été fusillé ?

b) 10. En attendant le retour des soldats, Ibbieta souriait de temps en temps. Pourquoi ?
    11. Pablo Ibbieta est-il responsable de la mort de Ramon Gris ? Donnez vos raisons.
    12. En apprenant la mort de Ramon Gris, Pablo rit si fort que les larmes lui viennent aux yeux. Comment expliquez-vous ce rire ?

Centre d'intérêt

La guerre civile

- les troupes nationalistes
- l'Armée républicaine
- les Brigades internationales

- le général
- l'officier
- le commandant
- le lieutenant
- le soldat
- le gardien
- le prisonnier

- les opérations militaires
- la salve
- le coup de fusil

- arrêter
- emmener
- interroger
- enfermer
- condamner à mort
- fusiller
- laisser la vie sauve
- donner des ordres
- marcher
- tirer
- tuer
- cacher
- souffrir
- trembler

Voilà les mots du texte concernant la guerre. Essayez de raconter l'histoire de Pablo Ibbieta à l'aide de ces mots sans regarder le texte.

Exercices de vocabulaire

1. *Cherchez dans le texte l'expression correspondant.*
   1. *Un homme blond accompagnait les deux gardiens.*
   2. *La nuit est terminée.*
   3. *Un de vous deux devra mourir, ou toi ou lui.*
   4. *On ne te tuera pas, si tu nous dis où il est.*
   5. *Je me les représentais en train de courir dans le cimetière, entre les tombes.*
   6. *Il ne semblait pas furieux.*

2. *«Emmener» ou «amener»?*
   1. Dans la cave, il y a trois prisonniers; un jour, des soldats en . . . deux autres.
   2. Le lendemain, les soldats reviennent avec un officier. «. . . ces deux-là à la chapelle», dit l'officier aux soldats.

3. Alors les soldats les . . .
4. L'après-midi, l'officier est dans son bureau. Il attend qu'on lui . . . les deux prisonniers.
5. La porte s'ouvre. Deux soldats entrent. «Nous vous . . . Steinbock et Mirbal.»
6. L'officier les interroge. Mais ils ne répondent pas à ses questions. «. . . -les dans la grande cour», dit l'officier aux soldats.

3. *Complétez les phrases suivantes en employant les expressions:*
tout le monde – tout à coup – tout à l'heure – tout de suite – tout à fait – en tout cas

1. – Allô, Jacques? Tu es recherché. Il faut que tu te caches. Viens chez nous . . . !
2. – Je ne peux pas venir maintenant: il faut que je prévienne Annie. Je viendrai . . .
3. – . . ., dépêche-toi.
4. – . . ., on frappe à la porte de Jacques: ce sont deux soldats qui viennent le chercher.
5. Mais il est . . . calme. Il sait que si on l'arrête, . . . l'aidera.

Paul Verlaine
Un grand sommeil noir

Un grand sommeil noir
Tombe sur ma vie:
Dormez, tout espoir,
Dormez, toute envie!

Je ne vois plus rien.
Je perds la mémoire
Du mal et du bien . . .
O la triste histoire!

Je suis un berceau
Qu'une main balance
Au creux d'un caveau:
Silence, silence!

le sommeil grande envie de dormir – **l'espoir** *m* le fait d'espérer (hope) – **ne . . . plus rien** (nothing more) – **la mémoire du bien et du mal** le souvenir de ce qui est bon et de ce qui est mauvais – **un berceau** petit lit d'enfant – **balancer** (to rock) – **le creux** (hollow) – **un caveau** petite cave – **au creux d'un caveau** *ici* dans les profondeurs, ou, dans un endroit profond et sombre

Index grammatical	Texte
à moins que ... ne	11
accord du participe passé	3, 7
adjectif	2, 10, 13
adjectifs démonstratifs	13
adjectifs possessifs	6
adverbe	2, 13
bien que	16
changer	6
comparaison	13
conditionnel	4, 6
depuis – il y a	8
discours indirect	4, 7
en – y	5
faire, rendre, laisser	12
finir par	16
formation du féminin	8
formes interrogatives	5, 7, 14
fractions	8
gérondif	7, 14
il y a – depuis	8
imparfait	4
imparfait – passé composé/ passé simple	4, 9, 16
impératif	11
infinitif	1, 5
laisser, faire, rendre	12
mettre	15
nombres	8
obtenir – recevoir	15
participe passé	3, 7
participe présent	2
passé composé	3, 7
passé composé/passé simple – imparfait	4, 9, 16
passif	3
pouvoir – savoir	9
prépositions	1, 5, 8, 12

111

Index grammatical	Texte
pronoms démonstratifs	13
pronoms indéfinis	15
pronoms personnels	1, 5, 14
pronoms possessifs	6
pronoms relatifs	4
prononciation	2, 10, 15
quand – si	8
recevoir – obtenir	15
rendre, faire, laisser	12
sans – sans que	5
savoir – pouvoir	9
si – quand	8
subjonctif	1,5,6,11,16
verbes irréguliers	15
verbes du groupe «mener»	10
verbes en -ger et -cer	15
y – en	5

Acknowledgments: *Die in Klammern agegebenen Zahlen beziehen sich auf die Nummer des jeweiligen Textes:* Bayard-magazine, Paris, Micrecord (1; 5: Test); Editions Bordas, Paris (13: d'après Revue des Forces aériennes français); Elle, Paris (4: d'après Dominique Torrès); L'Express, Paris (14); Editions Gallimard, Paris (17: tiré de „Le Mur" de J. P. Sartre); Mary Glasgow Publications Ltd, London (5: A discuter); Editions Julliard, Paris (2: tiré de „Un certain sourire" de F. Sagan); Robert Laffont, Paris (16: tiré de „A quoi tiennent les choses" de R. Lindon); Lectures pour tous, Paris (7: d'après Christie Ravenne); Le Monde, Paris (3: d'après C. Arditti, 9: d'après J. Benoit, 10: tiré de „Les petits riens" de P. Viansson Ponté, 12: d'après R. Guillain); Paris Match, Paris (11); Editions Seghers, Paris (15: tiré de „Claude Lelouch" de G. Guidez); Union Féminine Civique et Sociale, Paris (5); La Vie Catholique, Paris (6: d'après O. Naudin) – *Die Zahlen in Klammern sind Seitenangaben und beziehen sich auf das jeweilige Gedicht:* Editions Flammarion, Paris (25); Foyer de semi-liberté, Vitry-sur-Seine (32); Editions Gallimard, Paris (12, 44, 97); Wilhelm Goldman Verlag, München (110); Editions Seghers, Paris (18, 62).